新媒体背景下文化艺术的创新与发展

姜洋洋◎著

吉林出版集团股份有限公司
全国百佳图书出版单位

图书在版编目（CIP）数据

新媒体背景下文化艺术的创新与发展 / 姜洋洋著
. -- 长春：吉林出版集团股份有限公司，2023.8
ISBN 978-7-5731-4026-5

Ⅰ. ①新… Ⅱ. ①姜… Ⅲ. ①文化艺术－研究 Ⅳ.
①G0

中国国家版本馆CIP数据核字(2023)第129746号

XINMEITI BEIJING XIA WENHUA YISHU DE CHUANGXIN YU FAZHAN

新媒体背景下文化艺术的创新与发展

著　　者　姜洋洋
责任编辑　宫志伟
装帧设计　墨尊文化

出　　版　吉林出版集团股份有限公司
发　　行　吉林出版集团社科图书有限公司
地　　址　吉林省长春市南关区福祉大路5788号　邮编：130118
印　　刷　长春新华印刷集团有限公司
电　　话　0431-81629711（总编办）
抖 音 号　吉林出版集团社科图书有限公司 37009026326

开　　本　710 mm × 1000 mm　1 / 16
印　　张　9
字　　数　140 千
版　　次　2023 年 8 月第 1 版
印　　次　2023 年 8 月第 1 次印刷

书　　号　ISBN 978-7-5731-4026-5
定　　价　48.00 元

如有印装质量问题，请与市场营销中心联系调换。0431-81629729

前　言

新媒体是一个相对的概念。“新”，可以从支撑技术、视觉表现和创作思维等层面来理解。人类文化延续数千年，新事物不断出现，改变着人们的生活。以计算机和互联网技术为核心的新媒体形式正推动着社会生产生活方式的新一轮变革，其速度、规模、炫目程度和彻底性体现得更加明显。

研究新媒体，其概念的边界随着研究视角的不同而有着一定的弹性。本书所指的新媒体，是指以数字技术为支撑、以网络媒体为主要载体并与人的工作生活联系较密切的媒体形式。研究新媒体环境下艺术设计的属性与表现形式，离不开互联网时代这个大背景。

新媒体技术经过几年的快速发展，技术相对成熟，对文化产业产生了深刻的影响。本书研究的是新媒体背景下文化艺术的创新与发展，由浅入深地论述了文化艺术现代发展的相关内容。首先从传统文化艺术资源的当代转化入手，介绍了文化艺术的管理策略、音乐文化艺术教育的多元化、舞蹈文化艺术的发展等内容，帮助读者快速了解文化艺术相关的基础知识；其次，探讨了互联网时代中华元素的数字化艺术传播、新媒体与文化艺术产业，有助于读者深入理解文化艺术的现代发展；最后，剖析了技术与艺术发展的新趋势，展望了文化艺术的未来发展。本书内容详细，逻辑严谨，望对相关读者能够有所帮助。

由于笔者水平有限，书中难免疏漏或不妥之处，恳请业界同人和广大读者批评指正！

目　录

第一章　文化艺术与文化艺术管理

第一节　文化艺术概述

一、文化与文化艺术

（一）文化的概念与功能

1．文化的概念

文化是一个比较宽广的概念，要想给它下一个严格而精确的定义是一件非常困难的事情。不少哲学家、社会学家、历史学家、人类学家和语言学家等一直努力，试图从各自学科的角度来界定文化的概念。然而，迄今为止仍没有获得一个公认的、令人满意的定义。据有关资料统计，关于“文化”各种不同的定义至少有一百多种。笼统地说，文化是一种社会现象，是人们长期创造形成的产物；同时又是一种历史现象，是社会历史的积淀物。严格地说，文化是指一个国家或民族的历史、地理、风土人情、传统习俗、生活方式、文学艺术、行为规范、思维方式、价值观念等。

广义的文化，着眼于人类与一般动物、人类社会与自然界的本质区别，着眼于人类卓立于自然的独特的生存方式，其涵盖面非常广泛，所以又被称为大文化。狭义的文化，指意识形态所创造的精神财富，包括宗教、信仰、风俗习惯、道德情操、学术思想、文学艺术、科学技术、各种制度等。排除人类社会历史生活中关于物质创造活动及其结果的部分，专注于精神创造活动及其结果，主要是心态文化，又称小文化。

2．文化的功能

（1）整合功能。文化的整合功能是指它对于协调群体成员的行动所发挥的作用，就像蚂蚁爬行一样。社会群体中不同的成员单位都是独特的行动主体，他们基于自身的需要，根据对情境的判断和理解采取行动。文化是他们之间沟通的中介，他们如果能够实现文化共享，那么就能够实现有效的沟通，进一步消除隔阂、促成合作。

（2）导向功能。文化的导向功能是指文化可以为人们的行动提供方向和可供选择的方式。通过共享文化，行动者可以知道自己的何种行为在对方或大众看来是适宜的，可以引起积极回应的，何种方式是对方或大众摒弃的，并倾向于选择有效的行动向有利的方向发展。

（3）维持秩序的功能。文化是人们以往共同生活经验的积累，是人们通过比较和选择认为是合理并被普遍接受的东西。某种文化的形成和确立，就意味着某种价值观和行为规范的被认可和被遵从，这也意味着某种秩序的形成。而且只要这种文化在起作用，那么由这种文化所确立的社会秩序就会被维持下去。

（4）传承功能。从世代的角度看，如果文化能向新的世代流传，即下一代也认同、共享上一代的文化，那么，文化就有了传承功能。能够实施文化的传承和发展，这也是我们现今鼓励提倡文化艺术创新的首要前提和必备要件。

3．文化与艺术的关系

文化是相对于经济政治而言的人类全部精神活动及其产品，它的定义可以列举出数百种，其基本的概念包括艺术、人类学、社会学、哲学、心理学、生物学、生态学、历史、教育的文化等。爱德华·泰勒在《文化的起源》中曾说道：文化或者文明，从其广泛的民族志意义上而言，它是一个错综复杂的整体，包括知识、信仰、艺术、道德、法律、习俗和人作为社会成员所获得的任何其他能力和习惯。

艺术是一个描述性的概念，而艺术在《辞源》中解释为：泛指各种技术技能，用形象来反映现实但比现实有典型性的社会意识形态，包括文学、音乐、绘画、戏剧、曲艺等。

艺术与文化有着密不可分的关系，它们的发展是统一的，艺术是文化的内涵和重要组成部分，而文化则是艺术的渊源与内容。在现代社会中，通过文化来批评艺术和通过艺术来批评文化已经成为艺术与文化共同发展的重要表现形式。像这种互相批评的现象在现实生活中随处可见，就拿电视上的公益广告来说，就是用广告这种艺术平台来讲述当今社会中出现的一些文化问题。艺术已经成为一个民族文化底蕴的反映物，而一个民族的文化又总是被它的艺术所反映。

艺术在文化价值体系中的地位，西方20世纪的文化学者斯宾格勒认为："高级人类的世界感受，为自身所觅求的最最明晰的象征表达的方法，除了数理科学那一套展示模式及其基本概念的象征系统外，便是艺术形式。"他进一步指出："如果一个人的环境对于个人的意义就如外在宇宙相对于内在宇宙一样，是一组庞大的象征之集合，则人的本身，只要他仍属于现实的结构之中，仍属于现象界，他们必然要被容纳在一般的象征之中。但是，在人给予他相同的人们的印象中，什么真能具有象征的力量？什么真能密集而睿智地表达出人类的本质及其存在的意义？这答案就是艺术。"从这些观点可以看出艺术是人类文化最高级的象征，它参与、推动，并体现和反映着人类文化的变化与发展。例如：在全球化消费文化的冲击下，商品的竞争压力日益增大，商家通过广告或者具有精美艺术水准的包装来吸引和刺激消费者来购买，这就是艺术参与和推动，并体现和反映着当代人类文化的变化与发展的明证。同时艺术也是文化的一个重要组成部分，它只是文化价值体系中的一个子系统，必然从属和依附于文化，并受到它的制约和影响。

文化是人类在社会历史发展过程中所创造的物质财富和精神财富的总和，但我们通常把精神财富统称为文化。而艺术作为一种文化现象，大多为了满足主观与情感的需求，亦是日常生活中一种特殊的意识方式。文化的本质是人类自己根据自身对宇宙真理的认知而建立起来的一套价值系统。美国文化学者克鲁依伯和克拉克洪在《文化：概念和定义的批判分析》一书中指出："文化是包括各种外显或内隐的行为模式，通过符号的运用使人们习得并传授，并构成了人类群体的显著成就；文化的基本核心是历史上经过选择的价值系统；文化既是人类活动的产物，又是限制人类进一步活动的因素。"这个定义强调文化随着时间、空间的变化，会不断发生变化，呈现出时间上和空间上分合的一体化建构趋势，而艺术作为人类最高级的象征体系，在这个过程中起到了桥梁纽带和融会贯通的作用。也就是说，文化的变化和发展需要艺术来进行象征性的体现。我们常说艺术无国界，随着时代的发展，艺术发展反映了那个时代的文化和政治背景。一个时代的文化也影响到那个时代的艺术，对艺术的鉴别、表达和理解能力起到了推动的作用。例如一位漫画家在工作时，如果没有太多的文化，即使技术再好，他通过漫画反映出来的内容也缺乏思想和内涵。如果有文化，那么作品的风格和内容会很丰富，看待和表达事物的方式也会十分透彻。所以，艺术是人们为了更好地满足自己情感寄托和主观意见的行为需要而创造出的一种文化现象。可见，艺术和文化的关系是象征与被象征的关系，归属与被归属的关系，二者相互影响，密不可分。

（二）文化艺术

文化艺术指用语言、声音、文字、绘画、雕塑、建筑、工艺美术、书法、摄影等各种艺术表现方式体现出智慧群族的文化特性。

文化艺术是人类社会最基本的产物之一，它与人类社会的进步、演变密不可分。中国和世界文化艺术史孕育了丰富多彩的文化和艺术，为人们提供了精神食粮和人类文明的源泉，也为后世的文化和艺术发展提供了丰富的历史遗产。

二、文化艺术的发展史

中国的文化艺术史可以追溯到六千年前的新石器时代。当时的先民烙印了一直延续至今的“神龟图”和“鸟兽纹”等图案。随着社会的进步，中国出现了众多著名的文化和艺术作品。例如，散文名著《庄子》《论语》等，以及技艺精湛的中国古代建筑和书法艺术等。无论是文学、哲学，还是音乐、绘画等方面，中国人民始终秉持着“自造风格，传承和光大”的传统理念。

世界文化艺术史也是多姿多彩的，欧洲、亚洲、中东、非洲和南美洲等地的文化和艺术精彩纷呈。例如古希腊人的哲学思想、古罗马帝国的建筑设计、意大利文艺复兴时期的人文主义思潮、法国的印象派等等，都是世界文化艺术史中重要的事件和成就。这些作品和事件成为后世文化和艺术发展中的重要历史和参考资料，我们从中可以学习许多历史知识和跨文化的智慧。

中国和世界文化艺术史在人类文明中扮演着重要角色，它们应该成为我们追求美好生活的源泉。文艺品质的提高可以促进人们的精神追求和文化认同，培养良好的审美品位。同时，对于文化艺术的全面认识和理解也可以启迪我们更深刻地了解人类社会和人的心灵。因此，我们应该注重对中国和世界文化艺术史的研究和传承，促进文化艺术的交流和融合。

中国和世界文化艺术史给我们展现了多元的人类智慧、追求美好的理念和生命力，也为后世的文化和艺术发展提供了源源不断的财富和灵感。只有以开放的心态去认识、理解和传承这些文化艺术遗产，才能使它们在新的历史条件下焕发新的生命力，为人类文明的进步和发展做出贡献。

在中国的文化艺术史中，除了散文、哲学、音乐、绘画等，中国的戏曲文化也是一个不可忽视的部分。中国的戏曲艺术可以追溯到唐代，其传承发展历经近千年，被誉为中国艺术中的“黄金时期”。从传统的京剧、豫剧、昆曲到近年来迅速崛起的那达慕等，中国的戏曲文化层出不穷，为中国的文化艺术史增添了浓墨重彩的一笔。

同样的，在世界文化艺术史中，音乐、电影、戏剧、文学等也是不可忽视的部分。在音乐方面，如爵士乐、摇滚乐、古典音乐等，都是不同年代、不同国家的艺术家们取材于各自的文化传统，创造出来的独特艺术形式。在电影方面，如好莱坞、欧洲电影、亚洲电影等，都是全世界范围内备受欢迎的电影类型，也是全球文化交流和合作的一个重要领域。

中国和世界文化艺术史中的另一个重要方面是绘画。中国的绘画艺术源远流长，历经几千年的发展，形成了独具特色的风格和技巧。从古代的甲骨文、彩陶、壁画到宋元明清的山水画、花鸟画、人物画等，中国绘画艺术丰富多彩，传承至今仍然有着广泛的影响力。

在世界绘画史中，欧洲绘画艺术的发展占据了重要位置。从文艺复兴时期的达·芬奇、拉斐尔等大师，到现代艺术的代表人物毕加索、凡·高等，欧洲绘画在世界上有着广泛的影响力，被誉为“西方传统绘画的鼻祖”。

除了绘画，文学也是中国和世界文化艺术史中的一个重要方面。中国文学历史悠久，包括诗、散文、小说等形式，被誉为世界上最悠久、最复杂的文学传统之一。从《诗经》《楚辞》《唐诗》《宋词》到《红楼梦》等，中国文学历史上一大批脍炙人口的文学作品，具有深厚的人文底蕴和审美魅力。

世界文学的发展同样也是丰富多彩的。从古希腊的史诗《奥德赛》《伊利亚特》到芥川龙之介的短篇小说集《罗生门》，各个国家的文学作品都展现出独特的文化特色和风格。

综上所述，中国和世界文化艺术史的发展和传承不仅是人类文明进步和历史演进的重要标志，也是人类智慧和创造力的盛放和体现。我们应该以开放、包容、尊重的态度去认识、传承和发展这些文化艺术遗产，从中汲取灵感和智慧，共同推进人类文化艺术事业的繁荣和发展。

第二节 新时期中国文化艺术的创新机制

一、中国传统文化艺术的精神品格与传承发展

文化艺术的精神品格，是人的本质力量在特定社会环境与社会实践中的自由、集中显现。我国古代文艺精神品格的形成正是这一客观规律的体现。我国古代的哲学、美学、艺术理论或造物文化、视觉文化，一方面显现出主体与客体、时间与空间、感性与理性、理想与现实等诸对矛盾范畴不断调适、整合优化的过程，另一方面也在主体意识及经验系统建构中体现出特定的信念引导与价值追求。

尽管在不同历史阶段，我国古代的文艺精神总是在主体与客体之间有所偏向，这也决定了时空意识、艺术方法和语言体系上的时代差异性，但是总体上其始终以造化与心源、感性与理性之间的和谐为理想，并且在信念与价值、行为规范等层面贯穿着“善和”精神。

综上所述，中国文艺精神趋向于在表现与再现、理想与现实、感性与理性之间取得和谐状态，其中蕴含着天人合一、美善合一、自由放达、反对异化等价值理念，体现了人与自然的平等和对生命精神的尊崇，折射出对和谐生活秩序的向往，彰显出在现实中诗意地生存、在超越中实现身心和谐与物我同一的智慧，而这些特质是对文艺发展、社会发展、人类文明发展客观规律的体现，也是无数主体实践经验的凝结。由这些特质构成的中国文艺精神品格，在今天仍具有强盛的生命力，这不仅是因为它们是宇宙精神的显现，是中国历史人文精神的积淀与凝聚，是中国人信仰观念、价值体系、行为模式、思维方式、伦理情趣、人格追求的集中体现，更因为它们符合人类意识及智性不断发展的规律，实现了主体在现实与理想、时间与空间、感性与理性之间寻求平衡的价值诉求，因此能够为建构中国当代人文思想和主体的精神世界、充盈主体的生命意义提供路径。

“虚壹而静”、以情志合于天道的中国文艺精神与实践模式，是对人与自

然相融、人与自我本性合一的完满人类生命的实现；以“观物取象”为开端、以“意境”为归旨，崇尚“境生象外”，在艺术审美和品评过程中主张“澄怀味象”的中国文艺本体特质和思维方式，在根本上指向一种价值——赋予人类生活以经验，赋予生活世界以意义；中国造物文化的精神讲究以造物行为契合宇宙规律，实现社会伦理教化功能和个人生存价值，并将这些要素视作无法分割的有机整体。以上这些都是中国文艺精神品格中最具生命力的内涵。循此理路，一代代学者对中国文艺精神及其本体特征做出了不懈探索与新的建构。例如唐君毅的心本体哲学体系，实现了“道德自我—仁德—生命存在与心灵境界”的升华，不仅强调以主体生命心灵体验进行直观建构的实践模式，凸显了中国式的心境关系、物我感通式的圆融生命境界，同时也呈现了当代人文关怀，增强了文艺和现实人生的融合，因此具有极强的时代意义和社会价值。

当然，从中国文艺精神品格的发展来看，特定社会语境下的文艺社会功能与文化生产方式显然是不可忽视的影响因素。它们制约着文艺创造的价值，促使文艺不断做出调适以拓展生存空间，由此推动文艺精神的演进。在传统文化艺术资源当代转化的过程中，文化产品生产与大众消费、国家形象与软实力建构、核心价值观传播及主体日常生活审美化的实现等，都赋予了传统文艺新的价值功能，引起了传统文艺形式语言和方法上的创新，也为传统文艺精神注入了新的内涵。在这一过程中，传统文艺与当代社会生产、生活之间尽管出现了一些矛盾与断裂，不少研究者都曾探讨过技术、经济、媒介，以及社会结构变迁对传统文艺生存空间的挤压，并指出这些因素导致了传统文艺形态的异化与本体特质的消解，但是在笔者看来，中国文艺精神品格仍具有其无法替代的价值，能够为当代社会文化建设和主体建构做出巨大贡献。

一方面，产业经济的发展、消费文化与技术文化的勃兴，不仅为传统文艺承载多元社会功能提供了契机，促使其在题材内容、形式语言和创造方法上不断革新，也让传统文艺更加全面地进入当代主体的生活世界之中。在这一过程中，传统文艺不仅为产业生产提供了丰富资源，更以其精神特质提升了我国文化产品的品质，成为塑造品牌内涵与文化特色的重要资源。与此同时，传统文艺精神品格对于当代社会精神文明及主体精神世界的意义也日益凸显，逐渐成为丰盈主体生命精神、建构主体文化身份、塑造主体社会人格的重要资源，而这些资源的转化实践也形成了对传统文艺精神的反哺，为之提供了新的内涵与生命力。

另一方面，在全球化语境下，中国文艺精神也在多民族文化艺术融汇、中外文化艺术交融的过程中不断吸收养分，将世界文化艺术新思想、新成果合理纳入文化母体之中，并将其转化为当代中国文艺精神的有机成分。从全球文化的当代发展及人类文明的演进方向来看，传统文化艺术的传承与创新也推动了世界文化艺术的繁荣。诚如黄永健等学者指出的那样，所谓中国的文艺复兴或者中国传统文化的复兴，是指让曾经辉煌灿烂的中国传统文化艺术恢复生气、恢复生命，使之再流行、再生效。这种复兴不仅仅指中国的文化艺术复兴，同时也指世界的文化艺术复兴，意在为世界文化艺术与人类文明的进步做出贡献。中国哲学、美学和文艺思想博大精深、源远流长，诸如意象与意境理论、大音希声、大象无形、空灵等审美理念，以及天人合一、忧患意识、自由放达、反对异化等价值诉求，不仅对许多亚洲国家产生了深远影响，也为现代西方文明的发展提供了智慧与能量。从现代主义思潮到技术媒介景观社会，中国文艺精神的优秀品格特质与合理价值观念，成为建构人类文明和文化共同体的要素，对全人类的生存、人类社会的发展都产生巨大而深远的影响。因此，我国传统文化艺术资源的转化，不仅要植根于本土现实，还要面向世界和未来，在与外来文化艺术的交流和对话中释放自身的活力，与世界各国文化艺术一道开创人类文化艺术的新境界。

文化艺术总是在传承中发展，中国文艺精神也是如此，正如张岱年提出的“综合创新论”一样。中国文艺精神不会因创新而彻底否定传统，对于传统精髓也并非一味地继承和发扬，而是使传统元素与新元素融合生成为新的有机体。在笔者看来，传统文化艺术资源的转化不是对传统文化艺术资源的滥用和破坏，不是对传统文化艺术形态与元素的复制或简单挪用，不是仅仅使之适应于新的技术、媒介及文化生产模式，迎合当代人的消费需求，而是一种创新过程，是在人类实践、社会发展进程中，不断发掘传统文艺精神的生命力，探寻其当代价值和转化路径，合理地建构起传统文艺与当代社会和人类生存之间的多维关联的过程。从至一之境到中庸之道，从历史主义到人本主义，皆显现出中国文艺精神从古代向近现代演进的轨迹；从全球化、产业化、社会生态化到世界文本化，从个体生存、民族文化认同到国家想象、跨文化交流，从机械复制、消费文化下的精神拯救到新媒体、互联网语境下的人类生存经验与艺术本体嬗变，为传统文艺的生存与资源转化建构了新的生态环境与文化格局，也为中国文艺精神带来了新的变量。在这样的语境下，我们既要厘清中国文艺精神的品格特质，挖掘其合理内涵，也要与时俱进地看待其价值体系的转化，观照其在当代社会中的发展与创新，在主体、文艺与外部世界构成的新系统、新关联之中，探索传承与创新之道。

二、符号的力量与人的尺度

概念与符号构成人们存在意识的重要基础，因为每一种被感知、被表述的事物都需要被生产和再生产成人们能够感受的对象，这样才可能成为人们进行思考、体验生命存在、实践本质力量的对象。概念与符号同时还具有社会属性，它们是集体意识与观念的表象，是主体时空经验积淀的产物，是构成各类社会语言体系的基本要素，在人与人的交流中扮演着重要角色。值得注意的是，这里的符号不仅指造型、纹样、色彩、线条、结构等形式语言及综合形态，还包括民族文化、地域文化、历史文化、民俗文化等各类社会文化意象，它们构成语言形态的内涵，同时也彼此交融，成为建构文化共同体和主体生存、交往空间的要素。在从史前时代到古代社会的漫长发展历程之中，人类对自身、对宇宙自然万物及社会的理解普遍借助于符号，我们从符号表象上往往能够获悉哲学、政治美学及经济等领域的诸多信息。

从中国艺术符号创造的基本规律来看，中国艺术符号大多源自主体对自然、实体物象的感性经验，经过艺术家的理性认知、情感注入及审美理念与形式意识的渗透和加工后，自然、实体物象便实现了向形式意象、精神意象的转化，符号便由此形成。书法、戏曲、舞蹈、文学等艺术呈现出更为复杂的综合性审美意象创造过程，但是其符号创造的规律并无二致。例如傣族人民以跳孔雀舞来表现自己的民族性格，表达美好的理想与愿望，这种舞蹈模拟孔雀的外形与动作，展现了孔雀美丽、婀娜多姿的形态，轻巧、敏捷的动作特点和温驯、善良的性情，同时也通过艺术创造在步法、方位和动作组合上形成了一套比较固定的程式，还借助面具与装饰物等强化了舞者和观者的仪式感，满足了主体的精神需求。同样，舞剧《鱼美人》中的蛇舞，也是在模仿蛇形线条和蛇的运动方式的基础上，结合演员自身的身段线条，强化动作的节奏和韵律，最终生动、形象地刻画出美女蛇阴险狡猾的性格、妖娆妩媚的身姿。中国戏曲中的脸谱、服装与程式化的动作语言、面部表情也是如此，忠臣良将、权臣奸相、绿林草莽、江湖豪杰、娴雅淑女、活泼少女、泼辣少妇、灵仙妖怪等，皆能借助相应的符号意象得到观众的认同与共鸣。

从中国艺术符号创造的发展来看，其不仅显现出哲学、美学传统的巨大生命力，还显现出社会环境对文化艺术生产的深刻影响。

当代文化生产日益成为国家、社会发展及主体建构的关键环节，符号的价值也进一步凸显。例如从20世纪60年代以来，围绕着政治经济发展目标，许多国家的城镇都借助对地方文化符号的重新设计和再生产来塑造自身形象，形成自身特色。那些传统文化艺术符号成为重要部分，它们因为新的价值功能、文化结构与生产模式而不断被发掘和加工，最终成为一种可循环再生的“文化资本”及建构社会空间形态的重要因素。正如“城市文化基因”理论所指出的那样，生物系统、人格系统、社会系统、文化系统之间关系的整合与协调，是实现当代社会正常运转和增强文化张力的保障，合理的文化生产模式能够有效地促使城市社会进化与主体进化之间形成同构，而在这一系统中，文化系统成为最终主宰。借助这样的文化系统，符号表征功能得以空前强化。

值得注意的是，当代社会中人—自然—社会之间的关系发生了变化，这也导致符号的价值功能与生产方式发生相应的改变。当人类进入现代社会尤其是后现代社会，社会被高度地知识化了，在高度人文化和知识化的社会里，人与自然的关系越来越远，与文化的关系却愈加紧密，人类的文化生产在很大程度上不再是对自然的直接利用与反映，而是在已有的物质与精神文化基础上，对符号进行筛选、整合、组构与创新。但是这并不妨碍符号功能的实现，借助当代媒介的发展，符号被不断地传播和再生产，被赋予新的意义，并弥散到更为广阔的社会空间中，这不仅反映在艺术与设计上，哲学、政治、道德等领域的符号生产亦不例外。当代消费社会从本质上看就是由文化符号构成的景观社会，当代全球文化景观及地缘政治景观，同样可以视作由符号构筑的文本世界，来自不同国家、民族、地域和群落及不同历史时期的文化符号，共同为主体时空经验、文化身份、知识谱系的生成提供相应的构架与经验，因此关于文化价值的知识及如何恰如其分地去使用这些知识，在这个社会中变得尤为重要。

从主体生命意义的实现来看，符号也始终是最重要的力量，这一点从古至今都未改变。如果人类行为要形成模式，那么这个模式一定来自象征传统。人类借以建构自己生活的这些象征符号不仅仅是人类生物性存在、心理存在和社会存在的表现、媒介和相关物，它们还是这种存在的前提条件。同样，人类是唯一以符号来认识世界的动物，而且唯有人类能把自己建设成想要成为的一切形态，但是这种建设不是无条件和绝对自由的，而是借助符号象征体系来表达价值目标，并且在特定文化符号的指导和约制下才能进行的有效行动。由此可见，主体的自我认知与社会生存都离不开符号表意实践，如中国古代艺术创造就是典型的符号表意实践，而以“善和”为价值目标的中国古代造物实践，同样也依赖于这种超越器物与实用层面、追求主体精神世界与社会生存体验的符号化生产。

当代文化生产促使符号表意与主体建构之间形成了更为紧密的关联。传统文化艺术资源转化不仅缩短了传统文化艺术与当代大众日常生活之间的距离，也让主体对传统文化艺术产生了新的理解和追求；经济全球化与消费文化为主体带来了新的“本土化”“地方化”的时空经验与知识，也促发了主体对传统文艺产生新的感悟与认知。例如那些呈现地方历史文化传统、民风民俗及自然地貌特点的符号，如今更多地被赋予了一种标识文化身份的内涵或是成为寄托还乡之情的对象。基于这些新知识与新需求的产生，符号消费成为当代传统文化艺术资源转化的重要形态。同样，传统文化艺术也在工业技术文化语境下获得了新的生命。以传统手工艺为例，拥抱自然、返璞归真的“手作”，象征着生命本真的失而复得，因此这种行为层面的符号表征便成为主体抵制现代工业和技术文明的利器。此外，社会主义生态文明与精神文明建设、民族文化复兴与核心价值观建构等当代中国社会文化发展实践的重要任务，最终要从顶层设计落脚到当代主体价值尺度上，这些宏伟目标的实现也都离不开文化艺术符号的话语功能与空间场域的建构，离不开主体对文化艺术符号的认知与认同，因而也为传统文化艺术符号生产拓展了新的空间，对之提出了新的要求。

从上述传统文化艺术的符号功能及其对主体生存的实现路径来看，研究者需要关注符号话语在公共空间中的传播、流变、信息增生，以及为主体生活世界带来的丰富意义。当代文化资本与象征资产的出现及网络社会、媒介景观的形成，令主体的生存更依赖于主体间的相互关系和公共空间，依赖于自我文化身份的确认与个体存在的表达。因此，那些显现于一切物品和行为之上的趣味，都成为人们社会身份与文化身份的象征，那些无处不在的文字、图像、声音、肢体语言、面部表情等，都在极力表达丰富的信息，实现着主体特定的价值诉求，刺激着主体的接受与主体间的互动。总体来看，符号生产与消费已经成为当代人生活世界中不可缺少的一部分，它们生动地反映出人类存在及人类赋予世界意义的基本方式，显现出当代人文社会生产实践的基本特征，而传统文化艺术生产、资源转化也趋于演化为一种依照人类价值尺度进行的、自觉的符号生产实践活动。

近年来，传统文化艺术在大众生活及各个文化产业领域中的“热度”呈上升之势，尤其是许多年轻人开始热衷于了解和创新传统文化艺术，“中国风”成了一种新的生活与审美“时尚”，为传统文化艺术资源转化及发展创新注入了新的活力。在这一过程中，尽管消费文化与感官文化削弱了传统文化艺术的精神深度，碎片化也难以避免，但是传统文化艺术精神品质的恒定性和符号意象的生命力却时时显露出来，为传统文化艺术融入当代社会肌体之中提供了无限可能。

第三节　文化艺术管理

一、文化艺术管理信息

我们这里所说的管理信息，既是指文化艺术管理过程中的第一个环节——有关信息的搜集、整理、分析和贮存的阶段，又是指文化艺术管理过程中所需要和搜集的每种信息的总称。

文化艺术管理信息包括两个方面的内容：一是文化艺术管理系统的信息；二是文化艺术管理对象系统的信息。前者主要是指反映文化艺术管理活动特征及其发展变化的各种消息；后者则指有关文化艺术的创作、产品、消费、市场及各类活动的情报。二者的集中统一，才能构成文化艺术管理的信息系统，为文化艺术的预测和决策提供可靠的分析背景和依据。

文化艺术管理信息的来源多种多样，主要说来有两个。一个是从大量的书籍、报刊、录像、文件、作品、档案等书面材料中去寻找。众所周知，文字材料本身就是一个无法计算价值的庞大信息库，其中记录着人类长期积累起来的物质和精神成果，也体现着现实生活的方方面面。文化艺术事业作为社会生活的一项重要内容，必定会在历史和当今的各类书刊资料中留下丰富的记载。如果把这些记载的内容搜集聚拢起来进行整理，就会形成一个纵贯古今中外文化艺术及其管理成就的专业信息库。在吸取前人经验教训的基础上开展我们的文化艺术管理工作，会使我们如站在巨人的肩膀上向前攀登，具备超越历史的更大可能性；另一个是进行实地调查，即深入到具体的文化艺术单位和广大的文化艺术工作者中去，通过耳闻目睹来了解和掌握实际存在的真实状况，发现问题。这是一个了解管理对象和管理自身真实存在的最佳途径，因为通过实地调查得来的全是些未经任何修饰的第一手材料，可信度最高，参考价值也最大。所以，文化艺术管理者只要在条件许可的情况下，就要尽可能地通过深入生活、实地考察来获取和掌握原始信息，为自己的决策活动提供最可靠的凭据。获取、搜集信息这两条途径也就是古人所说的“读万卷书，行万里路”。相信只要我们辛勤求索、刻意留心，所需要的信息一定会从各个角落源源而来。

随着阅读和调查的详尽与周密，单个的信息渐渐地变成了一定规模的信息群，那么，接下来的工作就是加工处理信息了。信息的加工处理，就是用科学的方法，对大量的原始信息进行筛选、分类、比较和运算，去伪存真，使之系统化、条理化，以便保存、传送和使用。加工处理信息的关键环节是进行信息的分类，因为分类是使信息条理化、系统化的前提。所以，面对着杂乱无序、汗牛充栋的各种文化艺术信息，我们首先要建立一些标准来对其分类，使不同的信息有不同的归属。分类标准是多种多样的，可以按信息所属的文化艺术部门来分，也可以大致按艺术的门类来分，还可以按信息的来源、信息所处的时间、空间及意识形态范畴等来分，不一而足，但都需要具备一定的涵盖性，能够囊括一定规模，揭示一定规模信息的特点，最好还能适宜文化艺术管理工作的特点，便于查询。分类标准确立得越科学、细致，信息使用起来就越方便，因此，对信息进行分类不仅有其重要性，还具有较强的科学性。不少专家学者对文化艺术信息的分类进行了潜心研究，从各自的角度提出了种种设想，值得我们参考借鉴。

信息分类之后，便要对信息进行分析，即通过对大量信息资料的详细研究，了解和评价文化艺术事业及其管理的发展历史和现状，寻找其客观规律，以及发现存在的问题和总结经验教训，必要的话，还可以根据一定规模的信息群所体现出来的特征对文化艺术及管理的未来发展趋势做出大致的预测，旨在为文化艺术管理工作提供更为实用、使用起来更为直接的信息。

对信息的分析既可以进行定量研究，也可以进行定性研究。所谓定量研究，是对文化艺术管理信息所呈现出来的文化艺术事业及管理的规模、程度、速度等可测量因素的研究。它能使我们对文化艺术事业的认识和了解具体、清晰和完整，尤其适合于用来对文化艺术领域中的“硬件”部分进行分析。如对人均文化艺术产品的消费数量及年增长率、人均文化艺术设施的数量及与发达国家的差距、艺术表演团体和文化艺术的生产、服务单位的盈亏情况等的统计、研究，能帮助管理者认识到我国文化艺术事业发展的具体状况与差距，认识国情，从而对管理决策工作具有很大的益处。所谓定性研究，是指区分各类文化艺术信息的性质，找出其质的规定性的研究。它能使我们认清文化艺术事业及管理发展的质量和本质特征，尤其适合于用来对文化艺术领域中的“软件”部分进行分析。如对反映文化艺术界“百花齐放，百家争鸣”的状况、一些文化艺术产品的探索性、大多数文化艺术产品的思想倾向和艺术倾向、文化艺术娱乐行业存在的喜与忧等的信息的考察、研究，能及时发现文化艺术发展中出现的特点和问题，使管理者对好的方面继续发扬，对不良倾向则及早予以纠正，以保障文化艺术事业健康、正常地发展。经过定量、定性分析后的文化艺术信息，按照分析结果进行进一步处理、过滤，就成为针对性更强、少而精的最基本、最重要的信息了。加工处理后的文化艺术管理信息，往往不一定立即使用，有的虽然立刻被使用，但用完之后也不能废弃，还要留待以后再参考，这就需要对信息进行储存和记忆，建立信息库。信息库是专门贮存信息、以待备用的设施，当管理人员需要使用某一个或某一方面的文化艺术管理信息时，可到信息库中去查询。由于信息库中存放着各方面的大量信息，要想找到特定的信息并不是一件很容易的事情。因此，对信息库进行科学管理，建立信息搜集、加工处理和查询一条龙的信息管理系统，是非常必要的。我们可以建立文化艺术管理的专业信息库，也可以到国家的综合信息库中去寻找有关文化艺术管理方面的信息，但最根本的一点——查询方便，使用顺手，是需要保证的。现在许多信息库中都运用了电子计算机技术，建立了电子检索系统、自动处理设备等，来进行信息的管理，大大方便了使用者，也方便了我们的文化艺术管理工作。

信息管理的系统化和科学化，一方面使众多的文化艺术管理人员从繁复、杂乱的信息搜集、整理工作中解脱出来，节省了大量的时间和精力；另一方面也使许多文化艺术的管理活动不必再经过重复的信息搜集、整理环节，可以直接从信息库中提取使用，管理的流程大大加快，耗时明显缩短，工作效率获得显著的提高。

二、文化艺术管理预测

管理预测是文化艺术管理过程的第二个环节，是对文化艺术事业未来发展状况进行的分析、估计、设想和推断。

日常生活中，我们每一个人要实施一个有目的的行动时，如升学、就业、出国等，都必然会对未来的结果和实施步骤进行种种的猜测和设计，这个过程中就包含有预测的内容，但个人在日常生活中的这种预测往往比较简单、直观，也比较容易进行。而管理预测的内容和进行就复杂得多了。管理预测首先是一种科学的预测，它是在掌握大量管理信息的基础上，通过对信息的认真研究，找出客观规律，再利用客观规律去分析发展趋势以推测未来的一种活动。它往往有正确的理论作指导，在具体操作过程中又经常采用先进的预测技术，因此，可信度较高，也较有说服力。

文化艺术管理预测就是运用科学的原理和手段，在文化艺术管理活动中为确定和实现文化艺术发展目标和管理目标所做的预测。具体说来，预测在文化艺术管理活动中的应用主要体现在下列三个方面：用预测来帮助确定今后需要实现的文化艺术发展目标。也就是说，文化艺术管理者或管理机构不可避免地要对管理活动所能达到的目的或结果进行预测，以为日后的决策活动取得求证。任何国家和地区以及任何时期的文化艺术的发展，总需要有一个确定的目标来制约和规范具体的文化艺术行为，但这个确定的目标不是凭谁的主观意志就能随便制定的，它需要在科学性、时效性、可行性等尺度上合乎一定的规则，才能确保其得以实现和有利于文化艺术事业的发展。否则，这个目标只会成为一纸空文，甚至起反作用。为了制定一个切实可行的文化艺术的发展目标，一方面需要我们在具体的制定过程中，严禁好大喜功、急躁冒进或过高估计困难、畏惧不前的思想倾向，确立实事求是、稳中求进的指导方针；另一方面则需要运用预测学原理，通过对大量文化艺术管理信息的分析处理，找出正确的发展规律，用发展规律来推测今后十年、二十年甚至五十年文化艺术发展的前景。在此基础上，再来确定我们现在文化艺术事业的发展目标，其可行性定会大大加强。可以对文化艺术发展目标能否实现以及实现的过程和手段进行预测。文化艺术发展目标的确定，不等于能够毫无困难地实现目标。因为文化艺术事业在发展中，随时都可能出现一些意外的情况。这些意外情况的出现无论是偶然的，还是必然的，都有可能对目标的实现产生实质性的阻碍作用。因此，对已经确定的文化艺术发展目标，进行实现过程的模拟预测，是相当必要的。模拟预测既可以通过电子计算机等科学技术手段来进行，也可以依靠在具体单位先行试点、观其后效的方式来进行。

管理预测的正误对于能否实现科学的文化艺术决策和科学的文化艺术管理

具有至关重要的意义。因此，我们有必要了解和掌握一些预测的基本原理和方法，以指导我们的管理预测活动。

管理预测的基本原理大致包括连续性和因果性两种。所谓连续性原理，是指事物的本质和规律在过去、现在和未来是连续的，现在是过去的连续，未来是现在的延续，在这个连续过程中，事物始终保持着其质的规律性。由此可见，认识了事物过去和现在的本质和规律，也就相当于近似地认识了其未来的本质和规律。这样就把我们对未来的认识转换成了对历史和现实的认识，历史和现实是可以认识的，因此未来也是可以认识的。这就是阅历丰富、善于思考的人往往对未来具有特别的洞察力的主要原因。运用连续性原理，我们的文化艺术管理预测活动应该从认识文化艺术事业的过去和现在着手，认真总结经验，分析成败得失，发挥优势，摒除弊端，使未来的文化艺术事业的设想在现实的基础上扎实地更上一层楼，体现出发展的连续性和渐进性。这样不仅有利于文化艺术事业的一贯发展进程，还会加强管理预测的科学性。但同时必须注意的是，事物在连续的过程中还会出现间断性，也就是说某些内在因素的突变或某些意外因素的干扰会使事物的连续过程突然出现中断。这是常有的现象，事实上，事物的发展过程就是连续性和间断性的统一。因此，文化艺术的管理预测活动在运用连续性原理进行推测的时候，还必须考虑到随时可能出现的事物的间断性。连续性原理不是绝对的，种种意外而偶然的情况都是可能发生的。灵活地运用连续性原理，又不唯连续原理是用，才是进行科学的文化艺术管理预测的态度。所谓因果性原理，是指任何事物之所以产生和变化的结果，总是由一定的原因引起的，而这种原因又总是由另外一种原因所引起，整个世界都处于这种普遍联系之中。由此可见，未来，作为一种结果，总是由现实原因所引起的，只要研究了现实的原因，就可推知相应的未来结果。这样，就把对未来结果的认识，转换成了对现实原因的认识。现实的原因是可以认识的，那么，未来的结果也是可以认识的。因此，文化艺术的管理预测应该牢牢扎根于对现实原因的分析，掌握大量的现实依据，由现实依据再去推测未来的结果，这样势必会大大加强预测的可信度。但同时也要注意到，未来与现实的因果联系具有多样性，既可能是一因引起一果，也可能是一因引起多果、多因引起一果或多因引起多果。所以，全方位、多层次地考虑各种可能性，是我们在运用因果性原理进行文化艺术管理预测活动时所必须谨记的。

在遵循连续性原理和因果性原理的基础上，据报道目前已有预测方法150多种，但究其类别，主要有三种，而且也适用于我们的文化艺术管理预测活动。

第一是经验预测法，即依靠预测者的经验、智慧和逻辑思维能力来预测未来情况的方法，预测者大都为一些专家和富有实践经验者。德尔菲预测法即属于这一类预测法。德尔菲预测法是预测部门或预测者将所要预测的问题和必要的背景材料，以通信的方式寄给几位有关专家，请他们对提出的问题进行推测。预测部门或预测者在得到专家的答复后，将各种意见经过整理和归纳，再寄给专家（不写明意见是谁提的），转达并进一步征询意见。然后再次综合整理和写信告知专家，如此反复若干次，最后得出一个综合性的预测结果。这种预测方法比较适合于用来进行文化艺术发展目标的预测，尤其是总目标、战略目标和较长远的组织目标的预测。因为现有的一些文化艺术发展资料和数据很难对很久以后的文化艺术发展状况做出强有力的推断，所谓“夜长梦多”，正是指在未来的征途上不知潜伏着多少未知的艰险。在这种情况下，对长远文化艺术目标的预测就不可避免地包含着很大的猜测性。但猜测性不能靠任意瞎猜来填充，而只能靠专家和富有实践经验者从他们的学识和智慧出发来对此做出较为合理的推测。这里就刚好用得着像德尔菲预测法这一类经验预测法。无法否认，即使是专家和富有实践经验者的预测，也肯定会出现不准确的地方，因为他们毕竟是人，而不是洞察世事几百年的神，我们应该允许这种不准确存在，并且在对这些不准确现象的认识中去进一步把握文化艺术发展的客观规律，以增强我们的预测能力，改进我们的预测方法。

第二是数学预测法，即将所掌握的资料和数据，按照预测原理建立起能够反映其客观发展规律的数学模型。这些数学模型包括能够按时间顺序排列起来的一组数字序列，能够反映数量函数关系的方程式和较为规律的增长曲线等，它们大都被用来进行有关事物产生、增长的时间、周期、幅度等的预测。在文化艺术的管理预测活动中，数学预测法比较适合于用来进行有关文化艺术的发展规模、文艺思潮演变的周期及文化艺术生产与市场的供求关系等的预测，其特点是量化性很强，对事物的把握更为具体、直接，尤其适合于短期的效应预测。

第三是模拟预测法，即根据事物发生的前提条件和采取的措施，建立一个模型，实际模拟事物的发展过程，以观察事物的发展和演变结果的预测方法。这一方法，我们在前文叙述预测在文化艺术管理活动中的应用时已经有所阐述，其实，模拟预测法也最适合于用来进行对文化艺术发展目标能否实现以及实现的过程和手段的预测，其具体应用便是对各种文化艺术政策、方针和规划的先行试点工作。这种依靠试点进行目标实现过程的预测方法，取样最为切实、客观，也最易发现和遭遇许多潜在的、意料之外的可能性，从而使我们在真正实施目标方案时有所警惕，有所防备，以便采取更有力的对策。当然，无论是试点法，还是其他预测方法，都不可能在预测时穷尽一切可能性，把将来目标实现过程的状况洞察得一清二楚，而只能是尽可能多而详尽地考虑到各种困难和阻碍，并尽力思考各种预防或克服的方法。即使是这样，也难免会由于种种缘故，导致预测不准，或出现意外情况，这也都是正常的。因为预测毕竟是预测，不等同于真正的实践过程，预测只能为决策提供可资参考的依据，而决不能代替决策。

三、文化艺术管理决策

决策是管理的中心环节。管理信息与管理预测的目的都是为了给管理决策提供可靠的依据，管理决策的正确与否和水平高低，又直接影响着管理对象系统的正常运转和效益的好坏。因此，认识到管理决策的重要性和制定、实施正确的决策，对于文化艺术事业管理，甚至对于所有的管理活动来说，都是至为关键的事情。

所谓管理决策，就是管理过程中为了确定和实现管理目标，运用科学的理论和方法，系统地分析各方面的条件，提出各种可行方案并从中选择出最优方案的活动。推而延之，文化艺术管理决策，则是指在各种文化艺术管理活动中，选择最优发展目标和最佳实施方案的行为。由此可见，文化艺术管理决策起码应该包括两个方面的基本内容：一是在确定的条件下寻找最优文化艺术发展目标。决策的一些前提条件是确定的，是不以决策者的主观意志为转移的，如文化艺术发展的现状。如何在这些已经确定的条件下找到发展的最优目标，是文化艺术管理决策者必须谨慎而又大胆对待的一个问题。因为如果目标定错，就会导致文化事业全盘失败；如果目标定得过低，就会限制事业发展的步伐，阻碍潜力的挖掘和发挥；如果目标定得过高，又会使人望洋兴叹，失去奋斗的信心和勇气，也会对文化艺术事业造成不利的影响。所以，进行目标决策时，既要依据社会的增长需求，即人民群众日益增长的文化艺术需求和经济发展的需求，大胆地展望未来，确定高标准的奋斗目标；又要考虑到各种现实约束因素，如目前的文化艺术建设能力、存在规模及经济发展速度等，一切从实际出发，在目标与现状之间力求做到合理有度。只有这样的目标，才是文化艺术管理决策所追求的最优目标。二是在众多的方案中选择实现文化艺术发展目标的最佳方案。决策的过程其实就是选择的过程，在最佳的文化艺术目标和实施方案被选出之前，应当集思广益，从不同角度、不同层次设计出多种预选方案。然后决策者再来比较这多个方案的优劣得失，力争用最短的时间、最少的代价选定一个最优方案，或者归纳各种方案的优点，综合出新的方案，这样将会达到最佳的决策效果。但文化艺术目标的实施方案和文化艺术目标本身是有区别的。文化艺术目标作为奋斗的终点和理想在遥远的前方，而文化艺术目标的实施方案却像一条路、一座桥、一艘船一样连接着理想和现实之间漫长而又有险阻的距离，是从现实走向理想的过渡环节和必要手段。因此，文化艺术目标的实施方案，现实性更强，不定性也更强。如何将具体实施过程中可能出现的一些必然和偶然的情况都考虑在先，体现在决策方案之内，防患于未然和促进实施进程，不能不说是一项带有很大风险的艰巨性任务。因而文化艺术目标实施方案的内容更为复杂、精细，对举措和手段的确定更须慎重，对最佳方案的选择也显得尤为重要。

文化艺术管理决策从不同的角度和层次来分，可以有许多种类。如从决策的规模来分，可有文化艺术的宏观决策和微观决策：即文化艺术系统基层的或范围较小的决策是微观决策，文化艺术系统中层的以至全国和世界性的大范围的有关文化艺术问题决策是宏观决策；从决策的层次来分，可有文化艺术的高层决策和基层决策：即带有全局性和整体性的文化艺术决策属于高层决策，而将高层决策指令化和加以延续的局部决策属于基层决策，基层决策在文化艺术决策活动中占有很大的比重：从决策的性质来分，可有文化艺术的常规性决策和非常规性决策：即有章可依、有法可循、较易把握、经常进行的文化艺术决策是常规性决策，而对偶然发生或首次出现的文化艺术现象和问题的非重复性决策则是非常规性决策。同时，按其要求，文化艺术管理决策可分为最优决策和满意决策：即在理想的条件下寻求最优文化艺术发展结果的决策是最优决策，在实际条件下有把握地求得一个满意的文化艺术发展结果的决策是满意决策；按其条件，文化艺术管理决策还可分为确定型决策、风险型决策和非确定型决策：即在决策所面临的发展文化艺术事业的未来环境和条件是相对确定的状态下进行的文化艺术决策是确定型决策，在未来环境和条件相对不确定的状态下做出的文化艺术决策是风险型决策，在完全不能把握未来环境和条件的状态下进行的文化艺术决策是非确定型决策。此外，还有一个较为特殊的决策类型是追踪决策，它是指原有决策在实施过程中出现了错误或客观情况发生了变化而无法实现决策目标时，对决策目标或决策方案进行根本性修正的一种决策活动。人难免会出错，客观情况也随时都可能发生变化，因此追踪决策在文化艺术管理活动中也经常出现。需要特别指出的是，追踪决策是科学决策中经常可能发生的一种正常现象，不能认为是决策上的失败。只有当原有决策错误而仍坚持错误，或不顾主客观情况已经发生变化而仍继续坚持原有决策，才会导致决策败局的真正产生。追踪决策要特别重视总结经验教训，才能亡羊补牢，并且不断提高我们的文化艺术管理决策水平。在这一点上，我们历来是有着优良的传统和作风的。

文化艺术管理决策的类型虽然多，决策时考虑的重点也有所不同，但有一些基本的决策原则是所有的文化艺术管理决策活动所必须遵循的。只有遵循了这些基本的决策原则，我们的文化艺术管理决策才有可能始终契合本行业特点，发挥应有的效力。这些基本的决策原则包括行业性原则、宏观性原则、优化原则和时效原则等。

行业性原则，是区分文化艺术管理决策活动与其他行业领域的管理决策活动的重要标志。文化艺术领域主要呈现出精神生产与物质生产互为依存的行业特点，文化艺术创作、表演等属于精神生产，而文化艺术产品的出版、放映、演出等则属于物质生产的范畴。如何使制定的决策既适合精神生产的特点又适合物质生产的特点，均衡地保障二者的利益，是一切文化艺术管理决策者在决策时都必须首先考虑的因素。考虑到文化艺术领域的精神生产特点，决策时就不能像单纯对待物质生产那样一切统得过严、过死，而应该遵循“百花齐放，百家争鸣”的方针，给文化艺术工作者以政策范围内的创作自由和才能发挥空间；考虑到文化术领域的物质生产特点，就要在决策时一方面促成各类文化企业取得良好的经济收益，另一方面充分摆正经济效益与社会效益的关系，也使文化生产企业与纯粹的物质生产企业有所区别。这就是行业性原则对于文化艺术管理决策的一种制约性作用。

宏观性原则，是在文化艺术领域行业特点的基础上产生的一条基本决策原则。正因为文化艺术领域行业部门繁多，特征各异，文化艺术生产相对自由和多样，文化艺术的管理决策不可能照顾得面面俱到，或一切包办。面面俱到和一切包办，反而会影响整体决策的统筹规划和文化艺术执行系统的灵活性。因此，文化艺术的管理决策，一般宜着眼于对宏观或基本事务的决策。对于文化艺术管理系统的高层决策者来说，宜侧重对一个国家或地区文化艺术事业发展的规划、步伐、资源配置、法律规范等全局性问题进行策划和部署，而不适宜于对具体文化艺术单位的具体事务指手画脚。对于文化艺术管理系统的基层决策者来说，也不宜事无巨细均亲自过问下指示，而只需着力于对生产目标、指标、岗位责任、监督及奖惩办法等基本事务进行筹划和制定，余下的事务均可由文化艺术产品的生产者自行决定和掌握。这样既可激发广大文化艺术工作者的积极性、创造性，又使决策简明、有力，富于弹性。

优化原则，是指文化艺术管理决策须建立在多个方案对比选优的基础上。因为只有提出多种预选方案，在比较分析各个方案优劣得失的过程中，才能逐渐明了决策的最佳选择，也才能保证任何一种文化艺术管理决策最大限度地拥有科学性和高水平。优化原则在文化艺术管理决策活动中的贯彻，一方面可以杜绝有的决策者仅凭经验和感觉出发，在不经科学分析的条件下就盲目决策的现象，减少决策失败的可能性；另一方面能够通过科学的论证和分析，在决策阶段就杜绝许多不良倾向的产生和干扰，这比起到实践中去边摸索边干，会节省大量的人力、物力和财力，提高各项文化艺术工作的效率。

时效原则，是指文化艺术管理决策不仅要尽可能地正确无误，而且还要有时间性。因为社会生活处于不断变化之中，人民群众的精神文化需求也在不断地提高、丰富和改变着，如果一个决策长期议而不决，或者决策之后执行系统久久跟不上，都会因背景条件的改变而坐失良机，失去取得最佳决策效果的可能，甚至可能造成重大的失误，影响国家整个文化艺术事业的发展。所以，我们在进行文化艺术管理决策时，一方面要从宏观上制定一些长治久用的根本性决策，如文艺发展的方针、政策及各种文化艺术法规等；另一方面在具体的文化艺术生产、流通、传播领域要看准时机，迅速准确地制定一些精短灵活的决策，以适应生产、流通、传播形势瞬息变幻的状况。只有将长期的和短期的决策结合起来，互为补充，互相配合，才能真正实现文化艺术管理决策的有效性。

区分决策的类型，遵循行业性、宏观性、优化、时效等决策的基本原则，的确是制定正确的文化艺术管理决策的必要条件，但不是充分条件，它们只有与科学的决策体制和决策方法结合起来，才能最终保证文化艺术管理决策的准确性。

在我们过去的文化艺术管理活动中，往往只靠文化艺术的行政领导机构和领导者本身来完成所有的文化艺术管理决策活动。这种状况在现代社会中越来越不适应文化艺术事业的发展，而不得不逐渐在管理机构中加进咨询参谋人员和情报信息人员等。也就是说，不得不把管理信息和管理预测、管理决策紧密地联系起来，使单个人和单纯领导机构的决策变成多个人和多个主辅机构的共同决策，这种集体的智慧势必大大增强文化艺术管理决策的科学性和准确性。正是基于文化艺术管理的这种需要，文化艺术的管理决策体制也要相应地做出变动，逐渐形成由文化艺术管理的决策中枢系统、参谋咨询系统和情报信息系统三个方面构成的现代决策管理体制。

决策中枢系统主要由拥有文化艺术系统管理决策权的领导集体或领导者构成，文化和旅游部，主要从事各种文化艺术事务的决策和部署工作；参谋咨询系统主要由具有不同知识结构的各种文化艺术及其管理专业人才组成，相当于顾问委员会或智囊团一类的组织，主要承担为文化艺术的管理决策出谋划策及论证分析的任务；情报信息系统，则由专门的情报信息部门和从事情报信息工作的专业人员组成，主要进行各种文化艺术及管理信息的搜集、整理、加工、贮存和管理工作，为文化艺术的管理决策提供资料和背景知识等准备和依据。在这三个方面，决策中枢系统是文化艺术管理决策的核心部门，参谋咨询系统和情报信息系统是辅助决策的部门。但这并不是说参谋咨询系统和情报信息系统就不重要，它们与决策中枢系统一起，共同构成了文化艺术管理决策体制的有机整体。如果说决策中枢系统是文化艺术管理决策体制的大脑和心脏，那么，参谋咨询系统和情报信息系统就是支撑大脑和内脏的两条粗壮有力的腿，没有这两条腿，决策中枢系统就无法科学地运转和行动。因此，只有三方面互相配合，协调一致，才能最终形成以决策中枢系统为核心的结构功能复杂并具有高度分工和高度综合性的现代文化艺术管理决策体制，以适应文化艺术管理决策的需要。

科学的决策方法与预测方法一样，是多种多样的，而且也可分为专家法、模拟法和数学法三大类型。在决策方法中，专家评估法是类似于经验判断预测法的方法，它充分利用专家的智慧和经验，通过各种有效的方式使专家在不受干扰的情况下发表意见，然后将其整理、总结，最后形成有效决策。德尔菲法起初是很有代表性的预测方法，后来又推广应用到决策中来，成为专家评估法的一种重要形式。

专家评估法在文化艺术管理决策中的应用是相当广泛的，既可用于对国家、地区宏观文化艺术政策和文化艺术发展目标等的决策，也可用于对具体文化艺术单位（部门）的发展方向、生产任务及生产指标等的决策。只要运用得当，专家评估法就会以其特有的智慧优势取得良好的决策结果；数学决策法，与数学预测法有些相似，是指大量应用数学方法和科技成果来进行决策的方法，或者说，是通过数学解析方法寻求最优化决策的分析方法，通常又称为决策的硬技术。如线性规划、动态规划、对策论、排队论、库存论、调度模型等数学方法，对管理决策的确定都具有很重要的应用价值，而电子计算机的运用，更是大大地缩短了解题和数据处理的时间，明显地提高了决策的准确性和时效性。

数学方法比较适用于处理文化艺术管理活动中的一些常规性决策，如对文化艺术事业发展的规模、速度和效益等的决策，操作程序通常是先列出反映决策问题的方程、逻辑式或概率分布函数，再用数学方法求解。数学方法的运用大大提高了决策的科学水平，但同时由于决策中的很多因素无法用数学模型加以准确的描述，或是太复杂的数学模型难以很快普及，存在着许多不足之处。因此，为了弥补这些不足，对决策的软技术的研究和使用已成为决策科学的一个重要发展方向。决策的软技术是与硬技术相区别的非数学方法，前述专家评估法和下文将要提到的模拟方法都属于决策软技术中的重要种类。

决策的模拟方法，与预测的模拟方法相似，往往采用实际试验或建立模型的方法来模拟决策的发展过程，然后根据模拟结果进行选择、分析，以求得最优决策。由于许多决策模拟活动采用实际试验的方法周期太长，成本过高，近年来人们开始普遍采用在计算机里进行模型模拟试验的方法来开展决策模拟，这样不仅降低了成本，缩短了时间，而且也有助于提高决策的科学水平。但是因为模型模拟中的模型主要是数学模型，所以，模拟方法作为介乎软硬技术之间的一种软技术方法，在文化艺术管理决策活动中的适用范围主要局限于一些能够用数学模型来反映其内部各因素关系的问题，这与数学方法相似，但又与数学方法的直接求解不同。它能够把各种因素包括得更加全面，而且能够选择大量不同的数据去反复试验，因此，模拟方法处理的往往是比较复杂的决策，其取得的最优解也往往离最优化的决策方案不远。

专家评估法、数学法和模拟法各有利弊，在具体的文化艺术管理决策活动中，应该根据决策的对象、条件、性质等的不同，灵活地选择决策方法，专用一种方法或几种方法并用。

四、文化艺术管理控制

管理决策制订出来之后，就要进入管理控制环节了。管理控制环节是文化艺术管理过程的最后一个阶段。所谓管理控制，就是把控制理论应用到管理活动中来，把管理对象视为一个系统，然后通过控制、调节等手段制约这一系统的行动，以保证系统能在变动不居的环境中和条件下取得管理决策应有的效果。说到底，也就是实施和执行管理决策的过程。文化艺术管理活动，与其他领域的管理活动一样，都需要直接地、严格地和有效地进行管理控制，才能够实现管理目标。否则，决策只能等于一纸空文。因此，文化艺术管理活动中的施控者——管理者或管理机构，需要拥有一定的权力和影响力，来操纵和影响整个文化艺术系统或某一文化艺术部门、单位，使之按照自己的意志行动；而文化艺术管理活动中的受控者——被管理者或被管理部门、单位即整个被管理的文化艺术系统，都要无条件地接受和执行指令，按照指令的预定规律进行变化，以达到预期目的，并将执行情况和结果真实地反馈给施控者。这就是一个典型而完整的文化艺术管理控制过程和行为。

把控制论引入文化艺术管理中来的最为可贵的一点，是它首先把一个国家或一个地区的文化艺术事业看成是一个系统，然后再通过使用各种手段对这个系统施加影响。这个系统可以是我国整体的文化艺术事业的大系统，同时也是一个具体的文化艺术企事业单位的小系统，但这个小系统（又称子系统）必须是它所从属的更大系统——全国文化艺术事业的组成部分，即正是无数的小（子）系统构成了文化艺术的管理对象——文化艺术系统。

文化艺术系统有着一般系统的特征：集合性、相关性、目的性和环境适应性等。所谓集合性，是指文化艺术系统是一个集合体，从横断面来看，它包括文学、戏剧、音乐、美术、舞蹈、曲艺、摄影、杂技、电影、电视、图书、博物、文物考古、艺术教育、报刊书籍出版、文化市场、对外文化交流等二十多个独立的行业，以及创作、表演、美工、评论、组织管理、文化物资生产和供应等多样工种，而且彼此之间存在若干有机的联系；从纵剖面来看，从中央到省、市、地、县、区、乡各级文化艺术部门，形成了层次分明、通贯上下的管理结构。纵、横两方面的交织，就构成了条条块块的文化艺术网络。所谓相关性，是指文化艺术系统内部各要素之间存在着互相联系、互相制约的关系。如戏剧、电影等综合性艺术行业，离不开文学、音乐、美术、艺术、教育等部门的协助。同样，艺术产品的生产绝对离不开文化物资的生产与供应，也绝对离不开文化市场的经营和促销。一旦使各要素的关系脱节，那么，不仅是各个文化艺术部门、单位，包括整个文化艺术系统都会陷于瘫痪状态。所谓目的性，是指每一个社会部门都是为一个特定的目的而存在的，文化艺术系统也不例外。文化艺术系统存在的目的就是为满足人民不断增长的文化艺术生活需求而不断地生产出高质量的文化艺术产品和文化、艺术娱乐设施等。而每一个子系统的存在也有其目的，那就是在文化艺术系统的总目的范围内的各个具体目的。只有当各个子系统的具体目的达到了，才能最终达到文化艺术系统的总目的。所谓环境适应性，是指文化艺术系统必须保持与社会大系统的有机联系，并且适应社会大系统的变化，成为社会发展的组成部分。社会大系统中的政治、经济等核心因素是在不断地发展、变化着的，而且推动着社会的进步，主宰着人民群众生活的主要方面。文化艺术系统要想反映人民的生活，满足人民的审美娱乐需求，就必须紧跟时代的步伐，适应社会的变化，与社会大系统构成和谐共进的最佳联系。

文化艺术系统的一般系统特征，使它与诸多物质生产系统和行政管理系统有着相通之处，那就是亟待协调性。只有将系统内部各要素的行为和关系及系统与外部的联系协调好了，才能真正实现系统构成的意义。协调系统行为和关系最有效的方式就是实行管理控制，使受控系统完全听命于施控者的指挥，严格按照指令行动，以达到预期的目的。这种在执行指令之外不允许存在丝毫的自主权利的管理控制方式，指令下达最直接，执行任务最迅速，取得成效最显著，所以我们把它称为直接控制方式。直接控制方式在任何系统的管理活动中的运用都是卓有成效的，在文化艺术系统的管理中也是同样。无法否认的是，行政管理方式的正确运用的确引导着新中国的文化艺术事业从旧文艺的废墟上站了起来，取得了前所未有的成就，达到了前所未有的发展规模。而且，在我们今后文化艺术管理的诸多方面和不同时候，肯定还会不同程度地用到它。直接控制，是文化艺术管理重要的控制手段之一。

但是，文化艺术系统除了具有一般系统的特征之外，还具有自身特殊的系统。这种特殊的系统使它有别于一切物质生产系统和行政管理系统。众所周知，物质生产系统主要由“人—物质产品”的关系构成，行政管理系统由“人—行政事务”的关系构成，文化艺术系统由“人—艺术、文化产品”的关系构成。物质产品和行政事务可以分门别类、整齐划一，大批量生产或处理，所以物质生产系统和行政管理系统的“人”，可以按不同的工种或事务种类，在一定的规章制度下，实行标准作业，操作性很强，创造性则体现得很弱。文化艺术系统中的艺术、文化产品丰富多样，具有不可重复性（文化企业生产的产品除外，它具有物质生产的特征），这使得文化艺术系统中的“人”不可能像物质生产系统和行政管理系统中的“人”那样按照标准进行统一管理，而只能根据不同的情怀和思想，选用不同的创作方法，进行不同个性的作品创作。他们的每一次劳动都是“前无古人，后无来者”的，创造性极强，而操作性很弱。所以，面对这样的劳动和劳动者，文化艺术管理无法也不能用某几个章程去捆住他们的手脚，遏制他们的想象，限制他们的创作自由。

很显然，我们不能完全搬用管理物质产品生产的方式。或者说，无法完全用典型的控制方式——直接控制来一统文化艺术管理，而应该采取一种更为灵活、适应面更广、更富有弹性的控制文化艺术系统的方式，我们把这种方式称为间接控制。所谓间接控制，是针对直接控制而言的。如果说，直接控制是一个将施控者与受控者紧紧地绑在一起，施控者说什么，受控者就干什么，施控者不让干的，受控者决不能干，完全形成一个封闭系统的话，那么，间接控制就是在发出了基本的、重要的指令之后，网开一面，给受控者以根据自身的特点独立理解和独立执行指令的自由。也就是说，处于间接控制下的文化艺术部门、单位和文化艺术工作者，无须再像陀螺一样，只有在主管机构的不断抽打之下才能连续运转，而只需在上级主管部门下达了基本的方针、政策、任务、路线和法律范围之后，便可在限度之内自由地发挥其创造力和才华，创作或生产丰富多彩、各具特色的艺术、文化产品了。

文化艺术管理的间接控制可以通过多层次、多渠道、多手段来进行。从宏观角度讲，国家文化艺术管理机构与管理者可以通过侧重宏观调控而把部分权力下放的方式，来对全国的文化艺术系统进行总体筹划和把握，以达到间接控制文化艺术系统中各部门、单位行为的目的。另外，还可以通过文化立法、司法的手段来间接控制文化艺术事业，使之健康、合理地发展；通过建立和完善文化市场的途径来调节文化艺术产品的供求关系，达到间接控制文化艺术生产的目的。从微观角度讲，可以通过建立岗位责任制，明确管理职责，做到各司其职、各负其责，来达到间接控制文化艺术工作者的目的，这些具体的管理条文和章程的制定完善，在我国目前的文化艺术管理中还是一个较为薄弱但又是非常值得重视的环节。另外，间接控制还可以通过思想教育、精神激励等手段来进行人员管理，激发广大文化艺术工作者的积极性、创造性和成就感，来达到完成任务的预期目的，这是一种在我国运用得较为广泛又十分有效的间接控制手段，它作用于人的精神世界，能够深入文化艺术工作者的内心，挖掘他们为文化艺术事业献身取之不尽、用之不竭的心理源泉，从根本上解决精神动力问题。精神动力一旦获得解放，文化艺术工作者就会自动地迸发出所有的激情和才华，使文化艺术事业如虎添翼，飞跃发展。因此，思想教育、精神激励等间接控制手段，不管时代如何变迁，是永远不会过时的。

控制是否有效，能否达到预期目的，只有通过反馈才能进行检验和鉴定。反馈是控制论中的重要概念，也是控制中的重要环节。所谓反馈，又称“回输”“回授”，原意是把电子系统的输出信号全量或部分地回输到本电子系统的输入端，后用于现代管理活动，是指施控中心将指令输送给执行系统，执行系统操作之后再回归施控中心一部分或全部的信息，作为分析判断原指令正确、完善与否的凭据，并对指令的再输出发生影响，从而不断校正和控制执行结果，达到预期的目标。

把反馈原理引入文化艺术管理控制中来，可以帮助文化艺术管理者认识到，管理不仅是发号施令的行为，更是一个不断搜集信息、调查研究行为效果，进而不断修正指令才能达到预期目标的过程。因此，在我们的文化艺术管理机构中，除了决策、参谋、信息等组织外，还应当建立高效能的文化艺术信息反馈系统和职能部门，专事反馈信息的检测、分析和判断工作，为文化艺术管理的追踪决策和再执行提供准确的依据。同时，在文化艺术管理政策上，还应充分体现出社会主义制度的民主性，提倡广开言路、下情上达、实事求是的作风和精神，使广大人民群众积极地和真实地向文化艺术管理者和管理部门反映各种文艺情况，以帮助反馈系统和职能部门了解到真实准确的情形。只有真实准确的情形，才能成为下一步正确指令发出的强有力的支撑。否则，虚假浮夸、报喜不报忧或报忧不报喜的反馈信息，只能使指令失去修正和进一步完善的机会，错上加错，导致负面效果，这是文化艺术管理间接控制与反馈信息的有机衔接，是保证文化艺术管理科学、有效的重要途径。

文化艺术活动中的管理信息、管理预测、管理决策和管理控制共同构成了文化艺术管理的全过程。在这个完整的管理过程中，除了需要经验、智慧、心理等人文因素外，还要具有许多技术性因素，即要运用一些操作性很强的科学技术手段，如在前文中提及的德尔菲预测法、数学决策法等，还有没有提及的管理控制中的黑箱法、白箱法等，以及其他如运筹法、网络技术等高深数学方法在文化艺术管理中的借用等。

计算机技术在现代管理中的普遍运用是众所周知的，同样，它在文化艺术管理活动中也有着广阔的应用前景。计算机有计算速度快、精度高，具有记忆和逻辑判断、分析能力，及能够自动进行操作等特点，在文化艺术管理中能够被用来储存各种文化艺术信息，并设计信息存储的方式，使储存入库的文化艺术信息分门别类，有条不紊，便于查询。计算机通过对输入的各种数据进行计算和分析，能够合理地计划各种文化、艺术资源和组织的配置，避免许多不必要的人力、物力和财力的浪费、损失；计算机还能够帮助文化艺术管理的决策者对多个备选方案进行比较，并从中选择出最优方案和满意方案，节省时间，准确度也高。但目前计算机在我国文化艺术管理活动中的应用还是很有限的，处于刚刚起步阶段，软件的开发更待发展。如何把计算机广泛运用于迅速发展、日新月异的文化艺术管理事业，使之成为文化艺术管理的可靠帮手，从而促使我国文化艺术管理的工作方法、思想观念发生变化，深化文化艺术管理的改革，实现文化艺术管理的科学化和现代化，是一个亟待解决而又非常诱人的问题，它需要我们广大有识之士共同来寻求答案。

第二章　新时期文化艺术创新的主体与元素

第一节　文化艺术创新的主体

一、文化艺术创新的主体及特征

（一）人民群众是文化艺术创新的主体

人民群众是我们党的力量源泉和胜利之本，党的一切奋斗都是为中国最广大人民谋利益。在文化艺术创新中，必须把人民群众作为创新的主体。建设中国特色社会主义是亿万人民群众的共同事业，人民群众是实践的主体，不仅是物质生产实践的主体，也是精神生产实践的主体，是文化艺术建设和文化艺术创新的主体。人民群众中蕴藏着巨大的智慧和无穷的创造力。进行文化艺术创新，必须发挥广大人民群众的首创精神，坚持从群众中来、到群众中去，充分调动和发挥人民群众的积极性和主动性，挖掘广大群众的创新潜力，鼓励他们积极探索，勇于创新。

一个不争的事实是，我们很多优秀的文化艺术形式和作品都出自广大“艺术家、艺术工作者、民间艺人”之手，是他们实现了文化艺术的传承、发展和创新。长期以来在大量的文艺理论表述中，有意无意地都把“艺术家、艺术工作者、民间艺人”当成了唯一“合法”的艺术创新主体，我们有必要对之加以审视与重视。艺术是个总体性的范畴，其中具体包含了四个基本的要素，即现实、作品、艺术家和欣赏者。在解释文艺问题时，许多文艺理论和文艺批评的专著或教材都将之奉为一种普遍的法则。一段时期以来，在论及艺术的创造或创新主体时言必称艺术家似乎成为国内学界的一种共识或惯例。如胡经之先生在其《文艺美学论》一书里就始终坚持认为艺术的创造主体就是作家、艺术家。在他看来，“文学艺术的创造，是由艺术家、作家来完成的”。如牛宏宝先生所言，“我们一向习惯于认为，艺术创作是艺术家的一种主体性行为，即艺术家进行艺术品创造的过程。同时也应明白，有可能一件艺术品的创制者当初只是一个普通的人，他也没有受过艺术方面的专门训练，但是在时代、环境以及文化等多方面因素的影响下，那位普通的作者所创作的作品渐渐受到了人们的赏识和接受而成为艺术佳品。而那位创作者可能仍旧是位普通的人，也可能从此就没有其他的作品问世，创作者本人无从考证或早已消失在人们的记忆深处。”所以我们有必要重视“民间艺人”这一创新主体的作用，正可谓人民群众是文化艺术创新的源泉和根本。

（二）文化艺术创新主体的特征

1．创新性

所谓创新，就是新事物代替旧事物，实现质的飞跃和发展。文化艺术创新主体必须具有创新性，以及为创新而应具备的一些基本技能。艺术作为一种创造性的活动，随着政治、经济、自然环境等的变化会做出相应的适应和调整，一些掌握了部分技艺的群体，依靠自身的感悟和感受创造性地创作出超越以前事物或使之更加完美的作品，从而发挥出艺术的新魅力，取得使人们愉悦和得到更高的精神享受的效果。

2．实践性

文化艺术创新作为创新的一种，其创新主体的实践性尤为突出。任何文化艺术作品的产生都离不开创新主体的实践活动，通过感官等的实践和涉猎，通过身体力行的劳动和学习，创造出更为新颖和完美的作品，使之成为人们耳熟能详的佳作。如果背离实践活动，单凭主观想象势必会造成一些腐朽消极的作品产生，让人们丧失改造自然的主动性而堕落。好的作品能够为人们的实践活动提供指导作用，促进人与自然、人与人的和谐发展。

3．艺术性

文化艺术创新主体最为本质的特性是具有艺术特质，能够有一双发现美的“眼睛”，这也是文化艺术创新主体区别于其他创新主体最明显的特征。所谓艺术性，即文化艺术创新主体本身应具有艺术气质，熟悉艺术的创作过程和创作手法，并具有艺术表现能力，无论是艺术家还是普通老百姓如果没有艺术潜质，是不会实现艺术创作质的发展的，更无从谈起艺术创新。

二、文化艺术创新主体的本质

文化艺术创新主体的生命力、传承力和可持续发展力均有赖于其自身文化艺术素养能力的创新、丰富和发展。文化艺术创新主体能力不仅是对自身原有能力的激活，更应是对固有创新能力或本能的革命性转型。这便要求文化艺术创新主体在价值观念、知识体系、思维方式和培育体制中始终坚持时代性、整体性、系统性和前瞻性。

首先，价值观念是人类整个精神层面的追求，同时又是主体能动性发挥的指导基础，是人的精神观念客体化以及客体世界主体化的纽带和桥梁。价值观念是对一个民族的思想、行为习惯和道德观念等方面的评价标准和理想取向，不仅是维系一个民族协调和统一的深层的内在力量，而且是一个国家在既定的传统价值体系的基础上保持文化创新，在整合实施文化战略的进程中，保持时代性的同时，始终坚持的民族性和连续性的关键与标志。以科学发展观作为主体价值取向，能够更加有利于实现创新作品的正确影响取向，更能实现广大人民群众的精神质量的提高，更有利于社会的和谐与稳定发展。

其次，如果说价值观念是指导文化艺术主体创新的思想基础，那么，知识便是主体实现创新的能力基础，是认识和改造世界的工具和装备。自20世纪下半叶以来，以数字化、网络化和多媒体化为代表的当代信息革命，引领着人类社会由工业文明进入知识经济文明时代。知识化与全球化的相互激荡冲击着民族文化艺术的根基。能否迎接知识经济为我们民族带来的难得的发展机遇和挑战，创新知识体系，实现主体知识体系的丰富与发展；能否用先进科技传播先进文化艺术，不断提高科学技术对文化艺术创新的贡献率，既是对创新主体生命力和持续力的严峻考验，也是构建高科技与先进文化艺术的和谐发展，实现国家文化艺术发展战略的必然选择。

再次，思维方式是主体创新体系中的框架。在主体实施文化艺术创新行为中，经常地广泛地起作用的思维方式、思维习惯、对待事物的审视趋向，都是文化艺术主体的思维方式。然而，思维方式归根结底要适应于实践，应伴随社会的发展不断创新。中国有数千年文明史，而且是世界文明古国中唯一没有出现文明断裂的国家，文化艺术得以连续发展、积累，底蕴丰厚。但中华传统文化艺术中某些消极因素也导致了传统观念与现代理念的冲突，阻碍了文化艺术创新和文化艺术产业的发展。为此，在全球背景下，面对人类的一切优秀文化艺术遗产和成果以及不同群体、集团、民族和国家在生存和发展过程中相互依存这一现实，面对人类社会各种社会制度、意识形态、价值观念长时期共存多元发展的结果，思维方式必然成为文化艺术创新思维中的重要内容。

最后，作为文化艺术价值的外化，文化艺术主体培育体制的根本目的，是解放文化艺术主体，培育生产力，以满足新时代文化艺术主体成长之需求。时下需要解决的问题是，应从决策、管理、用人、投资、经营和监督等方面改革文化艺术主体培育体制，打造现代文化艺术培育产业，构建一个以科学发展观为指导的、具有较强产业竞争力的文化艺术主体培育体制，旨在提升我国文化艺术主体培育产业的整体实力，并成为当代文化艺术创新与建设的切入点。

第二节　文化艺术创新的元素

一、自然信息元素

自然信息是指一切自然物发出的信息，它包括来自无机界和生物界的信息，如我们观察到的宇宙间星球的运动变化，地球上的各种自然现象，以及我们欣赏的风景等都是自然信息。自然信息一般是以光、形、声、色、热等形式表达。人们探索宇宙之谜、自然之谜，其实都是在探索自然信息之间的规律。

实现文化艺术的创新，应积极吸收利用来自自然界的有利元素，不断提高创新主体的自然吸收力，实现作品的自然性这一返璞归真的特性。文化艺术创作与创新最有利的元素就是我们人类所能看到的美，把这种美通过加工制作以艺术作品的形式展现在人们的面前，达到愉悦人们生活的目的，达到丰富文化艺术作品种类、提高艺术作品竞争力的效果。自然界给予我们的是无穷的信息元素，而我们需要的只是发现信息、萃取信息的能力。

二、文明信息元素

人的感情在面对尚不了解的事物时，人的道德感情取向的能量就会作用于人对该事物的感觉。这时，该人对该事物的道德感情就会凝结，进而转化为意识信息。在人本分析哲学看来，人的意识信息就是如此产生的。但是，人有了意识信息并不意味着人是人性的完善，在人的意识信息中还有大量平庸、低俗、曲理甚至邪恶的成分，这些成分在人的内心是不能向社会生活公开的存在。人在社会中生活，在与他人交往时，必须使用尊重他人的具有道德感情取向的意识信息，才能在社会中平安生存。这种在生存中尊重他人的具有道德感情取向的意识信息就是文明信息。文明信息是人文明性的表达，它确证着人文明性的存在。

三、未来信息元素

未来信息元素即人们在基于现状的情况下，对于未来所做的一种发挥性的趋势的展望和预测。追本溯源，未来信息元素是未来主义的集中体现。未来主义对20世纪文艺思潮产生了很大的影响，包括艺术装饰、漩涡主义画派、构成主义和超现实主义。未来主义作为一种艺术思潮从20世纪20年代开始衰落，如今已经基本绝迹，很多未来主义艺术家在两次世界大战中丧生。然而，未来主义所倡导的一些元素至今仍然是西方文化的重要组成部分。未来主义对年轻、速度、力量和技术的偏爱在很多现代电影和其他文化模式中得以体现。未来主义艺术家们的创作兴趣涵盖了所有的艺术样式，包括绘画、雕塑、诗歌、戏剧、音乐，甚至延伸到烹饪领域。意大利诗人菲利波·托马索·马里内蒂于1909年发表《未来主义者宣言》一文，宣扬他的艺术观点。宣言最先在米兰发表，之后刊载于法国的费加罗报上。马里内蒂总结了未来主义的一些基本原则，包括对陈旧思想的憎恶，尤其是对陈旧的政治与艺术传统的憎恶。马里内蒂和他的追随者们表达了对速度、科技和暴力等元素的狂热喜爱。汽车、飞机、工业化的城镇等在未来主义者的眼中充满魅力，因为这些象征着人类依靠技术的进步征服了自然。马里内蒂至今仍有很多思想上的追随者。比如，他的“人体金属化”的艺术主张在日本电影导演冢本晋也的影片中有所体现。未来主义对网络化的现代社会也产生了影响，所谓的“赛博朋克”就是在未来主义的影响下出现的。

未来信息元素作为一种创新元素，对文化艺术的发展有着巨大的影响，也是我们创新过程中的重要信息库，它给予我们的更多的是对于未来的一种希望和期盼。对未来信息元素的应用更能体现文化艺术创新的本质要求，创新就是破除旧的东西创造新的产品，未来信息元素实现了作品质的发展。

第三章　新媒体与文化艺术创新

第一节　新媒体概述

蒸汽机和电的发明带动人类的机械化和电气化进程，20世纪末，计算机网络技术的发展及普及，引发人类社会的诸多变化。从工业社会迈向信息社会，物质文明转变为非物质文明，信息的数字化传播带动了数字媒体的发展，人类进入"数字化生存"的时代，数字化传播的介质及形式日趋多元，以数字信息为传播形态的媒介成为现代社会的主要传播力量，全球范围的信息沟通更加便捷，从而信息实现有效、积极地传播，改变了信息交流的环境。

一、新媒体的定义

在文化艺术界及传媒领域中，诸多专家对新媒体定义不一，如美国《连线》杂志对新媒体的定义是"所有人对所有人的传播"。清华大学新闻与传播学院熊澄宇教授说："在计算机信息处理技术基础之上出现和影响的媒体形态。"上海戏剧学院新媒体领域陈永东副教授则认为："新媒体是相对于传统媒体而言的媒体及各种应用形式，目前主要有互联网媒体、掌上媒体、数字互动媒体、车载移动媒体、户外媒体及新媒体艺术等。"新传媒产业联盟秘书长王斌认为："新媒体是以数字信息技术为基础，以互动传播为特点、具有创新形态的媒体。"即使在科技界，对于新媒体的概念也是众说纷纭的，他们传达了一些机器、技术以及终端的概念。那么新媒体到底是什么？虽然这个概念至今仍然不是非常清晰，但是我们在这里保守而通俗地理解为：新媒体中的"新"字绝对是相对于广播、电视、报纸等这些旧媒体而言的。同时，新媒体具有互动性，这种互动可以是通过数字、网络、移动、无线通信等技术取得的，也可以是人们通过电脑、手机、数字电视机等终端体验的人和机器的互动、人和人的互动，它是超出文本、图片、符号的一种传达方式。

二、新媒体的特征

关于新媒体的特征，笔者认为，第一，新媒体一定是“新”的，这其中包括新技术、新理念、新表达方式。新技术一定是可以支撑新理念的，这里我们重点研究的是新理念以及新的表达方式。是新的东西就一定有它的原创性，它是某个特定时期内时代所赋予的新的表达内容，它可以是历史的嫁接，可以是技术的嫁接，可以是空间的嫁接，但是它的理念和表达方式却是新鲜的、独创的。第二，新媒体是具有一定时代价值和效应的。从传统媒体单纯的观赏和传达提升到参与性和体验性更强，并且更真实直接地获得信息甚至使受众参与传达。获得最大化的传达，这是传媒的目标，也是预期的最好效果。就如同网络作为一种新型信息载体在20世纪90年代中期进入到中国后带来了巨大的效应一样，不排除新媒体可以发展成为主流媒体的可能，也可能像网络来袭一样在特定时期改变人们的生活方式，也就是新媒体在一定的时机也可以脱离某些概念限制，所有的概念都是随着发展而变化的。第三，新媒体需要有生命力。这主要依托先进的科技以及具有前沿性的不断创新精神，能从迎合人们休闲娱乐以及获取信息的需求出发，并紧跟时代步伐，随时随地满足互动性表达以及更个性化、人性化地提供信息服务的新媒体才是有生命力的，它也将促进整个文化产业的提升和发展。

1．交互性

新媒体传播最显著的特点就是交互性，一改传统媒体的线性传播，通过界面实现“人—机—人”的互动交流。在信息传播的过程中，受众处于主动点选而非被动接受的状态，不同的信息选择受众会得到不同的反馈。交互设计的目的在于关注人在视觉认知中的主动性与互动性，实现真正的人性化交流。现在网页设计、游戏互动角色设计、数字界面设计、展示设计、多媒体广告设计等等都是新媒体交互性的体现载体。

2．集成性

新媒体集图形、文字、声音、动画、影像等多种符号于一身，以计算机数字化处理为基础，具有可视、可听性，从而调整了印刷媒体强调的视觉的单调性。新媒体技术使计算机的处理范围和功能扩展，不再局限于单一的文本、图形、图像，而是将各媒体要素结合，呈现多媒体的特性，如网站片头、网络视频、网络游戏等，为创作提供无限的想象空间。数字多媒体的集成性并非媒体元素的简单堆砌，而是能给用户带来人性化体验的综合整体。这种集成性也是数字媒体艺术迅速发展的一个重要原因之一。

3．数字化

比特是新媒体存在的基本形式，通过计算机进行加工、存储和传播，而过去以往的传统媒体大都是以模拟的方式进行存储和传播，比特比较容易复制和运算处理，能够迅速传播和重复使用，而且可以在媒体之间相互混合。

4．整合性

新媒体传播不仅需要计算机技术、信息技术和媒体技术的支持，还需要与人文艺术相结合。如软件和硬件的界面设计、多媒体产品的设计，都需要技术人员与设计工作者相互配合，技术人员负责程序的架构及编码设计，设计师则负责程序所有可视内容的视觉设计。

三、从新媒体到新媒体艺术

20世纪以前，电的普及、电话的发明、铁路系统的更新这三大技术革命给很多创造发明提供了条件。第四次技术革命就是20世纪末信息技术和网络工具的广泛使用，人们把新技术作为艺术创造中的主要工具，引发了一个改变传统意识的视觉革命。由于科技信息时代的来临，传播媒介的蔓延，后现代精神需求的剧增以及全球化发展的推进都对视觉传达设计提出了新的要求。与此同时，城市化进程中住宅、商用公寓的宣传与装饰、公共设施的系统设计、城市的亮化工程和企业的形象策划等无论在色彩、质感还是触感方面都提出了现代化设计的高要求，这就衍生了分众媒体这一新媒体形式，其中包括楼宇媒体、社区媒体、公共区域媒体、娱乐场所媒体、手机彩信手机报媒体、公交车分众传媒、地铁分众传媒、网络媒体、互动网络媒体终端机等新兴媒体。新媒体无疑是以科技力量为依托的，科技可以发展到提供新的材料时，将会帮助视觉信息传达形成新的视觉张力。计算机技术的强大辅助力量是毋庸置疑的，无论是从速度、效果、样式还是其他方面，这种技术直接促生了新媒体的应用和普及。

新媒体包含了新媒体艺术，新媒体所能构成的技术层面很大，尤其是在艺术方面做出的贡献尤为突出。从早期的录像技术发展到以新媒体技术为主的音频视频技术、计算机绘画、二三维动画技术、网络技术以及虚拟现实技术，随之产生了多种以新媒体技术为支撑的新媒体艺术形式，其中包括录像艺术、视频装置艺术、交互艺术、网络艺术、虚拟现实艺术以及软件生成艺术等等。新媒体发展更新得极快，像全息摄影、仿生机器、基因生物技术以及光电效应等新兴技术都是不为人们所熟悉的。新媒体可以称之为一种新的传播媒介，很多传统媒介之间的差异正在随着交互式媒体的出现而逐渐缩小，更加积极涌现的是以数字传播为主的新媒体。大量计算机技术参与的艺术席卷了现代社会，也冲击着人们的生活。传统媒体的竞争力也体现在通过数字化增加自己新的服务范围。从情感上说，新媒体并没有一个实在的概念，将文字、图像、声音、动画等通过不同的终端传播出去，需要受众根据自身需求来接收。在这当中，设计者如果掺入自己的艺术感悟，即使是通过生硬的终端机器传输出去的也可以被看作灵感的迸发，或是思想的表述，或是人性的本真，又或是生活的真谛。但从某种角度来看，这种技术含量很高的艺术是一种跨学科艺术，这种艺术更贴近了生活，与环境学、社会学以及自然科学的结合似乎扩大了人们的生活半径。用新媒体的形式体现一种艺术存在，这种艺术的存在改变了艺术的狭隘性，也更深刻地表达出艺术本身是不应该有定义的。由于新媒体技术在艺术实践中的广泛应用，有时候人们把新媒体等同于新媒体艺术。可以说在新媒体影响下的视觉传达就是新媒体艺术，笔者也把研究的重点放在了这种新媒体艺术上。

第二节 新媒体背景下文化艺术创新对文化产业发展的影响

文化艺术产业的发展取决于竞争力强弱，而竞争能力受制于文化艺术的创新程度，文化艺术创新决定着文化艺术产业的创新程度。在文化艺术领域，创新是指文化艺术的不同要素除旧布新，不断取得进展或突破。今天的文化艺术产业按资源、产品、市场进行划分，主要涵盖演艺、娱乐、音响、传媒、出版等部门。这些领域竞争激烈，时刻检验着参与者的创新水平。创新是文化艺术产业发展的灵魂，决定着文化艺术产业的发展。比如，美国并不是一个历史悠久、文化积淀深厚的国度，但美国文化艺术产品却能够从其他民族、国家的传统文化艺术资源中汲取养分，不断推陈出新，创造出巨大的轰动效应，赢得市场和受众。人们在总结美国文化艺术产业的成功经验时，无不称道其创新精神及市场运作。目前，中国的文化艺术产业在国际上竞争力不强，其中固然有许多值得深入探究的原因，但关键因素之一是中国的文化艺术产业创新能力比较差，创新队伍总体水平不高。此外，由于没有形成创新的氛围，中国的文化艺术产业及其产品还存在着大量低水平、重复甚至粗制滥造等现象，文化艺术资源尚未实现合理配置。因此，呼唤文化艺术创新和提高自主创新能力已成为时代的诉求。

当今世界各国尤其是发达国家文化艺术产业的发展与创新，越来越具有与经济规模相应的影响力，并且开启了文化艺术生成、传播和扩展的新时代，从根本上导致了人类精神生产和文化艺术形态的革命性变革，进而推动文化艺术有机体在历史进程中不断发生、发展和创新。中国文化艺术和文化艺术产业创新应关注民族文化艺术传统精髓。当下文化艺术产业的发展要超越传统，前提是了解传统、弘扬传统。当我们提及批判继承时，一个迫切需要解决的问题是，还应着力普及、弘扬传统文化艺术中的精髓和优良传统，对传统文化艺术有更加精深的认识。文化艺术创新是建构，但并非意味着建立在对传统文化艺术的彻底解构基础上。两者之间的辩证关系值得认真思考。

文化艺术创新能实现文化艺术产业多元化的发展。在当今世界，孤立、封闭的文化艺术形态、文化艺术状态是不存在的。尤其是在全球化背景下，必须关注文化艺术多元化对文化产业的各种影响。文化艺术多元化对发展文化艺术产业的影响并非负面的，在大多数情况下是积极的。我们不妨仍以美国文化艺术为例简单说明。美国乡村音乐不属于美国土生土长的音乐，但经过融合、交流已成为美国文化的重要组成部分了。类似事例说明，文化艺术的多元化对文化艺术产业的发展有着积极作用。

文化艺术创新能够提升本土文化产业的原创能力和市场竞争力。当下，我国文化艺术创新能力不强的原因之一是，真正属于自己的、具有自主知识产权的原创品牌非常有限，核心竞争力不强，由此导致的竞争力较弱就容易理解了。因此，倡导文化艺术创新大大有利于我国文化艺术原创力的提升，大大提高文化艺术产业的原动力，为文化艺术产业提供思想和战略支持。

第四章　新媒体与文化艺术产业

第一节　新媒体与文化艺术产业的互动

一、新媒体与文化艺术产业结合的新图景

（一）新媒体与文化艺术产业融合化

新媒体的出现为文化艺术产业发展带来了无限的生机与活力，就像是文化艺术产业的发动机，它以IT技术和CG技术为核心，极大地推动文化艺术产业的发展。新媒体与文化艺术产业的结合主要表现在影视、动漫动画游戏研发、广告、多媒体信息技术的开发与信息产业、建筑、工业、服装等一系列的艺术设计、图像分析、虚拟装置等领域，并涉及科技、艺术、文化等诸多领域。

新媒体与文化艺术产业的融合发展，在影视产业表现得较为明显，也是进入大众视野最多的。动漫和软件开发业运用新媒体的虚拟现实和交互性，对新媒体的依赖程度较高。随着人们生活中电子产品的增多、闲暇时间的减少以及阅读习惯和获取信息习惯的改变，数字出版的兴起和发展正在日益增进与新媒体艺术的融合。

此外，新媒体与文化艺术产业的融合还表现在具体的文化艺术作品的传播方面。文化艺术作品借数字技术革命下的新媒介形态，既提高了传播效率，又增加了受众的审美感受。互动性是新媒体传播最为显著的特征，这一点在新媒体与文化艺术产业融合上也得到了充分的体现。在新媒体技术条件下，受众很容易接触到数量更多、形式更多样的文化艺术作品。另外，新媒体的使用使文化艺术作品能够更大限度地发挥创造性，因而，提高了作品艺术的表现力，比如影视作品图像更为清晰、场景更为真实。文化艺术作品借助新媒体的传播与扩散，扩大了其影响力，带来了受众数量的增加，创造了更多的文化艺术消费需求，给文化艺术产业带来了持续的活力和发展的基础。

（二）新媒体与文化艺术产业的形态创新

新媒体下的文化艺术是构建在文化和各种艺术门类之上的综合表现形式，是文化艺术与科学技术的结合。新媒体文化艺术侧重于将先进的技术语言运用在文化艺术作品中（计算机、互联网上的虚拟艺术、影像艺术、多媒体互动装置及行为等），并借助文字、声音、图像、活动影像乃至表演等非传统意义上的载体，来进行文化艺术的实践和探索。

早期的新媒体文化艺术主要形态有录像艺术和电影实验短片。录像艺术最初的设备只是一个电视机和一个录像机，后来发展到多个电视机和多个录像机，这就是所谓的多屏幕多视频播放。计算机技术和激光投影技术的发明和普及，使得新媒体文化艺术形态在技术上有更大的突破。尤其表现在计算机图像、影音编辑和游戏互动技术方面，诸如计算机动画、三维虚拟、数字编辑、影音互动和感应等，录像艺术的传统技术开始被数字技术替代后，普遍采用数字摄像机、数字编辑、DVD光盘刻录和投影仪播放技术。在播放技术方面，电脑程控、投影仪、DVD光盘等也被大量而广泛地用于新媒体文化艺术产品的播放。

伴随网络科技和数字技术的发展，新媒体文化艺术添加了新的形态，例如实验动画、数字录像、多媒体互动、多媒体艺术、网络艺术、电脑动画等。多媒体文化艺术最为鲜明的特质就是其有效的连结性与互动性，在其连结、融入、互动、转化、呈现的过程当中，观众可以参与其中，通过其媒介与他人产生互动，这也就理所当然地促使了作品及参与者意识的转化，并衍生出全新的影像、思维与视觉经验。参与者经由和作品之间的直接互动，直接地参与并改变了作品的影像、造型并赋予其意义。

新媒体文化艺术包容了图、文、声、像、互动艺术等综合艺术形态，如手机的广播电视网、互联网、移动通信网三网合一的平台，也是数字媒体艺术集大成的虚拟空间。与此同时，新媒体文化艺术形态与传统文化艺术形态具有融合的趋势，如视听艺术的融合、时空艺术的综合、多维艺术的整合等。可以说，数字新媒体正在改变着人们对于数字信息传播方式的接受和文化艺术的消费习惯。

（三）文化艺术作品数字化

新媒体建立在以数字技术为核心的基础上，其与文化艺术的结合所产生的作品也必然会以数字化的方式存在。新媒体文化艺术作品利用录像、计算机、网络、数字技术等最新科技成果作为创作手段，以数字化的形式呈现出来，包括数字电影、数字录像、数字摄影、数字视音频、数字动画、数字音乐、新媒体舞蹈、新媒体戏剧等。

随着数字技术的发展和新媒体的普及，文化艺术工作者对新媒体的运用更为成熟。一方面为数字技术的运用提供新的可能性，促进数字技术充分利用艺术资源制造出更丰富、更奇特的视觉成果，满足日益增长的社会精神需求，丰富人们的社会生活。另一方面，数字技术作为一种先进的艺术表现手法，同时也丰富了文化艺术的表现形式。以数字动画为例，其创作包含了各个文化艺术门类的元素，如动画的文学脚本编写，艺术风格的把握，动画导演、故事板和分镜头的绘制，人物场景的设计，动画音乐的编创，物体动态神态的表现、中间画的绘制，后期的剪辑配音与音效的录制等，充分体现了动画艺术的综合性特点。

（四）新媒体文化艺术的形态特征

近年来，新媒体的发展给社会带来了冲击，新媒体文化对传统艺术创作的冲击也是很显然的事。在现在的绘画、音乐、文学、影视作品中，不难看出新媒体的影响。传统艺术有自身的发展方式，但与新媒体结合能更好地传播艺术作品与发展艺术本身，它的发展远远超过传统艺术，形式也是传统艺术无法比拟的。新技术手段下的文化艺术，除承继了传统艺术表现的特质：如色彩、图像、空间、材质、形态等因素外，更运用后现代的某些审美语言对各类新、旧媒介和材料进行重新整合，以新思维、新视觉、新感受发掘和创造多样化意义，具有形式的混搭性、内容的可建构性和意义的不确定性等全新特征。

在一个以媒体、信息和知识为引擎的社会中，艺术作为创造力和表现力而互相激发的一种实践活动，积极地介入到为社会改造和塑形的过程中，这是至关重要的。因此，随着科学领域特别是计算机技术及对人机界面研究的不断深入，学科发展过程中边界性的渐进模糊、审美趋势多元化等因素的影响，新媒体艺术已发展为融多学科、多表现为一体的拥有独立特性的综合艺术。新媒体文化艺术在不经意间早已渗透到我们生产生活的方方面面，改变着我们对传统文化艺术的认识，并赋予我们全新的感官体验。

1．融多元化媒体于一体，实现感官的综合体验

在包括网络计算机、传感器、投影、音效等许多设备的共同作用下，新媒体文化艺术让大众在虚拟场景中对视觉、声音、气味、触感甚至味觉一并体验。新媒体下的文化艺术的“多媒体”特征，体现在新媒体能将各种影像、声音、图片、文字等集合到一起，并能继续保持它们各自的独立身份。比如网页就是由许多不同的组件组成的，看似完整的网页，实际上由一个个独立的文件整合而成。超文本就是这样的结果，是具有影像、声音、图片、文字以及互动环境的综合性文本形式。这就打破了传统的文学、音乐、舞蹈、戏剧、绘画、雕塑、电影等审美样式的固有界限，形成了多种审美样式混杂的艺术样式。

2．结构的交互性特征，实现了受众的互动性需求

新媒体下的文化艺术首先是建立在艺术层面上的艺术创作。互动与网络是新媒体艺术的两个主要特点，二者之间经常是互相包含的关系。互动有两个方面的意思：广义的互动概念，比如看电影、打电话等；狭义的互动概念，就是界定在人机交互上面。一些新媒体作品通过媒介和网络还可能反馈到艺术家。从人到作品，再从作品到人，这种交流是双向的，这都是一些传统艺术所不具备的新的可能。

新媒体下文化艺术的表现形式很多，但它们的共同点只有一个，那就是使用者经由和作品之间的互动，参与改变了作品的影像、造型甚至意义，互动性是新媒体艺术最重要的特征。在新媒体文化艺术中，“媒体”是具有双重身份的，一方面它是艺术的载体，另一方面它又是大众传媒，这双重身份就决定了“互动性”的产生。新媒体下的文化艺术的联结性和互动性，注定了新媒体文化艺术的展示本身就需要观众的参与，如果缺少了这个环节，一件作品就很有可能无法展示。传统媒介作品很难与大众建立起直接的交互关系，都是单方面的观看或体验。而新媒体文化艺术的互动性、结构的开放性，使得大众可以参与到作品中，直接构成作品的一部分，进而转化为创造者。

3．跨学科交叉，实现了资源的有效整合

新媒体文化艺术涵盖了诸多技术与学科，最大限度地体现了艺术与文化、科技的结合，如计算机技术、电磁物理学、哲学、文学等。目前，新媒体与文化艺术结合所产生的录像艺术、远程艺术、网络艺术、虚拟现实艺术、交互艺术、机器人艺术、软件艺术、触觉艺术、纳米艺术和游戏艺术等门类蓬勃发展，激发

了各种产业的进步和飞跃。在新媒体文化艺术的引领下，电脑视觉表现、全息成像、人机界面、数码娱乐与游戏、数字音乐、数字传媒、网络社区以及未来教育等各个领域都呈现出前所未有的勃勃生机。

虽然新媒体下文化艺术的属性与电影、电视剧、纪录片、电子游戏、MTV短片等有着极大的相似性，但它并没有完全脱离传统艺术，而是对两者进行不断融合，从而导致了两种趋势的产生：一是几种传统艺术之间借助新技术进行融合；二是传统艺术与新媒体艺术进行融合。例如，工艺美术由于应用上的需求将新技术引入工艺美术品的生产流程之中，电脑刺绣的出现就是一个典型的例子。同时，受到传统艺术影响的新媒体艺术家们在思考新艺术的可能性时，自然而然地会使用新技术，这对传统艺术延展和衍生都是极大的推动。

二、新媒体与文化艺术产业结合发展的阶段

（一）数字阅读：新媒体与文化艺术产业的初步结合阶段

众所周知，阅读是人类获取知识和信息的重要手段。在某种程度上，阅读量的多少也衡量着人类智慧的多少。人类文明的发展使人们的阅读方式不断发生变化，其主要表现在阅读读物的物理载体的改变。文字和图形最早是被雕刻在石头和木头上的，后来又有了竹简、帛书，直到纸张被发明出来，人类的阅读量有了突飞猛进的增长。而计算机的普遍应用使人类的阅读量达到了前所未有的丰富程度，互联网极大地缩短了知识传递的距离和信息传播的周期，成为人们获取信息和同外界交流的一个重要方式，互联网的出现也开启了新媒体与文化艺术产业结合的序幕——数字阅读。

数字阅读指的是阅读的数字化，通俗地讲，即人类利用计算机、手机、电子阅读器等手段，以数字化编码的形式享受阅读的乐趣。它主要有两层含义：一是阅读对象的数字化，也就是阅读的内容是以数字化的方式呈现的，如电子书、网络小说、电子地图、数码照片、博客、网页等；二是阅读方式的数字化，就是阅读的载体、终端不是平面的纸张，而是带屏幕显示的电子仪器，如PC电脑、PDA、MP3、MP4、笔记本电脑、手机、阅读器等。

数字阅读是一种由文本的变化带来的新的阅读方式，依托数字技术，借助

计算机、手机等数字传播技术，来获取包括文本在内的多媒体合成信息和知识，完成意义建构。数字阅读正在成为全社会的一种新的阅读方式。

1．电子书

电子书是利用计算机技术将一定的文字、图片、声音、影像等信息，通过数码方式记录在以光、电、磁为介质的设备中，借助于特定的设备来读取、复制、传输。它由三要素构成：①E-book的内容，它主要是以特殊的格式制作而成，可在有线或无线网络上传播的图书，一般由专门的网站组织而成。②电子书的阅读器，它包括桌面上的个人计算机、个人手持数字设备（PDA）、专门的电子设备如“翰林电子书”。③电子书的阅读软件。无论是电子书的内容、阅读设备，还是电子书的阅读软件，甚至是网络出版物都被冠以电子书。随着互联网的兴起，无形的电子书（即脱离了光盘、存储卡等硬件的电子书）开始以多种格式进行在线阅读、下载阅读，通过互联网广泛传播，影响越来越大。

2．手机报

手机报的发展长期以来受制于电信运营商的限制，三网融合为手机报的发展提供了新的机遇。手机报的发展需要渠道运营商、技术服务商和内容提供商之间紧密合作，相互支持。电信运营商作为传输渠道的提供者，需要加强基础设施建设，但是只有传输渠道是不够的，传媒产业是“内容为王”的产业，还需要合适的内容传递。因此，电信运营商应与内容提供商进行合作，结成战略联盟，共同提供专业化、个性化的手机报服务。报纸作为手机报的内容提供商，除继续保持已有的内容生产方面的优势地位之外，还需要适应数字时代的传播要求，充分利用数字技术，建立用户数据库，注重数据挖掘，深入分析读者的阅读习惯和兴趣，了解读者的需求，适应技术的变革。比如手机报植入广告，这种传统的报纸盈利方式依然可以保留；另外，也可通过定制、付费的方式，提供大客户服务，开发集团手机报，成为客户内部学习交流的电子平台；还可利用GPS定位技术，向手机用户开发免费的资讯推送服务，向定制特定手机报的消费者投放相关广告。未来，手机报将为我们带来全新的传播体验，并呈现内容分众化、形式多媒体化、平台互动分享化、行业合作共赢化趋势。

数字阅读的兴起可谓喜忧参半，一方面，数字技术和新媒体为人们的日常生活提供了更多乐趣和便利；另一方面，随着数字化阅读的兴盛，人们担心用不了多久，传统的纸质读物和阅读方式将会被取代。我们应该看到，从人类传播史来看，任何一种新媒体的出现都不会取代旧媒体，新旧媒体是共生关系，而不是替代关系。数字阅读不会取代传统阅读，只是阅读的习惯和方式会发生一些变化。数字阅读和电子出版业的繁荣发展，只会推动人们阅读的进步和人类文明的发展，也说明当今世界已进入了一个阅读的新时代。

（二）数字影音：新媒体与文化艺术产业的全面结合阶段

由平面到立体，由静态到动态，由无声到有声，新媒体与文化艺术产业全面融合。如果说数字阅读还只是新媒体与文化艺术产业发展的试水阶段，那么数字音乐以及数字电视的出现，使得新媒体与文化艺术产业结合得更加紧密，数字影音打开了新媒体与文化艺术产业全方位融合的大门。尤其是进入21世纪，数字技术的发展和互联网的普及使传统的收音机和传统的电视节目离人们越来越远，它们有被淘汰的危险。但也就是在这时，各地的广播电台和电视台纷纷建立了自己的网站和网络直播平台，有效地帮助传统媒体打破了时间和地域限制，增强了与受众的交流和互动。新的数字技术使受众无须守候在电视机前等待电视节目的播出，而是可以在互联网或者数字电视上随时随地点播自己喜爱的电视节目。数字音乐、数字电影、数字电视、网络视频等新兴的数字影音内容用数字格式存储，可以通过网络进行传输，无论被下载、复制、播放多少遍，其品质都不会发生变化。目前，数字影音产业已经确立了它在我国数字内容产业中的重要地位，传统文化艺术产业、电信运营企业和数字技术新贵们争相进入这一领域，一批具有一定规模、拥有各自竞争优势的代表性企业相继涌现，在中国市场条件下为发展数字影音产业进行了大量的探索和尝试。可以说，以数字和互联网技术为基础的新一代数字影音为文化艺术产业发展迎来了崭新的春天。

1．数字电视

作为与当今科技进步结合最紧密的媒介，电视首先成为数字化浪潮的先锋。数字电视（Digital TV，缩写为DTV）是指从演播室到发射、传输、接收的所有环节都是使用数字电视信号或该系统所有的信号都是通过由0、1数字串所构成的数字流来传播的。从电视节目的采集、制作、电视节目的传输，到用户终端的接收，全部实现数字化。与原来的模拟电视相比，数字电视新媒体拥有先进的信源压缩编码技术，使节目复制完全不会出现质量变化，从而得到高清晰的电视画面、优质的音响效果、逼真的伴音效果以及较强抗干扰功能和稳定的画面。同时，数字电视扩展功能多，可增加上网、点播等功能，使开展多功能信息综合服务业务成为可能。从某种意义上说，数字电视是一种家庭综合信息装置，有了数字电视，人类就从看电视时代进入了用电视时代。

2．网络视频

网络视频是指视频网站提供的在线视频播放服务，主要利用流媒体格式的视频文件。从网络技术的角度讲，网络视频是指“内容格式以WMV、RM、RMVB、FLV以及MOV等类型为主，可以在线通过Realplayer、Windows Media、Flash、QuickTime及DIVX等主流播放器播放的文件内容”。通俗地讲，网络视频就是在网上传播的视频资源。狭义的指网络电影、电视剧、新闻、综艺节目、广告等视频节目；广义的还包括自拍DV短片、视频聊天、视频游戏等。网络视频自产生以来，席卷互联网，影响极大。

网络视频的兴起催生出大量的视频网站，促进了互联网的发展。视频网站是指在完善的技术平台支持下，互联网用户在线流畅发布、浏览和分享视频作品的网站。我国现有的影响力较大的视频网站大致可以分为以下四个类型：一是以提供网络视频为核心业务的垂直类运营视频网站，主要包括优酷网、土豆网、爱奇艺网等；二是传统门户网站的视频频道，主要包括百度视频、搜狐视频等；三是依托于传统广电体系的网络电视台；四是P2P视频点播类流媒体，PPStream就属于这个类别。

目前视频网站的内容模式主要有两种：一种为用户原创内容模式，此模式利于用户参与、分享和互动的特性也使其逐步成为衡量视频网站核心竞争力的标准之一；另一种是与传统媒体合作模式，视频网站和电视业的合作也正成为一种趋势。正版化、媒体化和门户化正在成为视频分享网站行业的热点。

视频网站的崛起对传统电视业形成了巨大挑战，视频网站非法盗用版权内容成为电视收视率和广告收入的直接杀手。更让人忧虑的是，网络视频的收看模式正在从根本上影响和改变着受众的收视习惯。从长远来看，对电视媒体造成了更深层次的威胁。同时，电视台向网络视频行业的进军，对当前主要由民营网站主导的网络视频行业竞争格局产生了冲击。在未来的视频媒体竞争中，不管电视台与视频网站哪方占据上风，有一点可以肯定，那就是合作是共赢的底线与原则，未来主流的传播形态必将是多媒体融合的传播形态。

（三）数字生活：新媒体与文化艺术产业的深度融合阶段

新媒体的发展已经深入人们社会生活的方方面面。喻国明认为，“今天的新媒体发展当然也包括所有媒体的发展，一个基本的发展方式就是如何把媒体嵌入到人们的生活链条中去，成为辅助人们生活、消费、经营的其中的一个环节，一个平台，一个节点”。数字生活时代涌现出一大批新的社会化媒体如微博、微信等，把数字生活演绎到了极致。社交媒体对个人而言，是一项“服务”，一项用以跟朋友互通有无、建立关系网的服务；一项获得最新信息、与他人实时互动的“服务”，这些服务带领我们进入了数字化的“泛社交时代”。

1. 微博

最早的微博起源于2006年创立于美国的twitter，国内的微博元年为2010年，目前影响力最大的为新浪微博。中国微博市场用户规模已基本稳定和成熟，微博用户开始大规模向移动端迁移，使用智能手机和平板登录微博的用户仅次于PC终端，非智能手机终端登录将逐渐退出。微博平台对于电子商务的导流效果明显，有超过半数的微博用户看到微博平台上的电子购物信息后会进入到电子商务网站，进一步了解和操作。

2. 微信

就在新浪、搜狐、腾讯开始为微博争夺客户群的时候，新的社交方式开始冲击着微博。

微信是腾讯公司推出的一个为智能手机提供即时通信服务的免费应用程序。微信是支持跨通信运营商、跨操作系统平台，通过网络快速发送免费语音短信、视频、图片和文字，支持多人群聊的手机聊天软件。微信与其他传统IM工具相比，传播信息的方式更便捷和人性化。它有两大功能：一是联通功能。微信打造的是一个“全民社交圈”，其传播方式是点对点传播和点对面传播的有效结合，这无形中整合了具备地域特点的群体传播功能；它具有广泛的LBS涵盖面，不仅包含通信录好友、QQ好友，还包括附近的陌生人，使得人际交往从个人所熟悉的强联系人群扩展到原本遥远陌生的弱联系人群。从该角度讲，微信具有一种“全局”意识。二是延伸到海外和漂流瓶功能，微信是腾讯产品中最适合国际化的，也将是腾讯国际化战略的关键。

微信改变了传统的通信方式，这种新的语音或视频通信或将改变未来主流的通信方式。利用微信，个人对日常生活、事物和思想进行个性化的记录和表达，以文字、语音甚至是视频的形式直接传播给最亲近、最想沟通交流的好友，从而，微信成为实现记录与表达的平台。同时，它也是一个交友的平台，使原有的亲密伙伴或者陌生人之间建立了新的、沟通成本更加低廉、交流方式更加丰富的通信平台。另外，微信可以成为公共信息的发布源，微信的朋友圈以及群聊功能都使微信有可能成为比其他渠道更快、更精准或者更具体、更集中的实时信息源。从文化角度来看，微信具有大众娱乐性以及时尚消费符号的象征，从而带来使用的满足感。

新媒体与文化艺术产业的结合远远不止这些，随着数字技术的发展以及社会的进步，新媒体与文化艺术产业的结合会更加紧密，更加深入。我们看到，MIT著名教授尼葛洛庞帝笔下的“数字化生存”时代已经日渐成熟。科技的发展引起媒体形式的变化，文化艺术表现形式越来越丰富，影像及互动装置、虚拟装置、多媒体技术、动画动漫、影视广告、网络游戏、数码艺术设计、数字插画、数码摄影等越来越新颖的大众文化产品进入人们的日常生活。通过新媒体，文化艺术传播的速度更快，范围更广，效率更高。

第二节　新媒体促进文化艺术产业发展的对策

一、新媒体促进文化艺术产业发展的经济对策

（一）文化艺术与经济的关系

经济与文化一体化是当代社会发展的大趋势，经济与文化的关系日益密切，经济发展的文化倾向性越来越明显，文化的经济功能和作用越发显现。文化对经济发展的推动、引导和支撑作用已越来越明显，从大的方面来说，经济发展战略和产业政策的制定离不开文化的作用；从小的方面来说，企业生产经营以及品牌管理需要文化的指导。经济活动与文化活动往往交织在一起，经济发展需要文化的力量和智慧。

1．经济是文化艺术发展的基础

无论是从狭义还是从广义上理解文化艺术，作为上层建筑，它总是以经济为基础的。可以说，有什么样的经济基础就有什么样的文化艺术。马克思主义认为，经济是基础，文化是建立在经济基础之上的上层建筑的一部分。文化艺术离开人们的生产实践，就会成为无根之木、无源之水，就会丧失发展生机与活力。

（1）经济发展程度和水平决定文化艺术的发展水平

任何社会经济的发展都有其阶段性和发展程度的区别，进而影响文化艺术的发展水平。经济决定着文化，有什么样的经济才有什么样的文化，那种企图逾越经济发展的历史阶段的文化思想就像空中楼阁，注定要失败，自古至今均是如此。中国古代史上曾出现过的几个经济繁盛时期往往也是文化兴盛的时代，如“文景之治”“贞观之治”“大唐文明”“康乾盛世”。中国经历了改革开放四十多年的经济快速发展，提高了文化艺术生产的质量、效率和结构，加速了文化艺术普及方式的多样化、普及程度的广泛化和便捷化，为繁荣社会主义文化艺术提供了坚实的经济基础。

（2）经济为文化艺术提供创作素材与内容

众所周知，经济为文化艺术的发展提供物质基础，大到公共文化服务体系

的建立、文化监管经费的安排，小到文化艺术工作者的福利待遇、文化消费者的购买能力等。同时，文化艺术来源于生活，经济社会生活还为文化艺术提供了源源不断的创作素材与内容。比如古希腊神话、史诗等艺术的发展和繁荣，是和当时不发达的生产力水平分不开的，人们只能想象和借助想象以征服自然力、支配自然力，把自然力加以形象化。当生产力发展到近现代大工业时代，一切神话地对待自然的态度和一切把自然神话的态度也就不存在了。

而今，人们的经济实践活动经过长期的历史积淀，不仅是文化艺术创作的源泉，还成为文化艺术活动的一部分，两者密不可分，种茶有茶文化，酿酒有酒文化，养蚕有蚕文化，更多的是与观光旅游结合起来。河南林州人民开掘红旗渠可谓一举三得：引水灌溉、铸就红旗渠精神、开发旅游项目，经济文化比翼齐飞，相得益彰。

2．文化艺术是经济发展的源泉

经济发展丰富了物质生活，在物质需要得到满足以后，随着生活水平的提高，人们的需求会得到提升，会更多地关注文化的、精神的、心理的需要。在人类社会发展过程，物质与精神并不是孤立存在的，而是相互依存的。经济是文化艺术发展的基础，为文化艺术繁荣提供了充分的养料，但是反过来文化艺术的繁荣发展也为经济发展提供了经久不衰的动力。文化艺术与经济相互交叉、相互融合、相辅相成，经济文化化和文化经济化越来越成为未来的发展趋势。

（1）文化艺术是创造财富的重要资源

关于文化的定义，有广义和狭义之说。从广义上说，文化是指人类社会在实践中创造的物质财富和精神财富的总和，即物质文化和精神文化。人们在一般意义上所指的“文化”是与物质文化相对应的精神文化，精神文化领域包括：科学、教育、文学、艺术、宗教、新闻、出版、广播、电影、电视等，同时还包括不具有意识形态性质的民间工艺、民间艺术、群众娱乐、竞技体育等。狭义的文化，不涵盖一般的物质产品，它更多地关照精神层面，但是，广义的文化既包括精神层面的财富也包括物质层面的财富。

关于文化艺术的功能、文化艺术服务于社会的性质，过去我们在认识上存在很大误区，认为文化艺术是从属于政治的，过分强调文化艺术产品的政治属性和意识形态特性，而否认其所具有的商品属性。长期以来所形成的传统观念认为：文化艺术与生产力似乎是各自独立、互不相干的。随着社会的进步和发展，人们越来越认识到文化艺术在创造物质财富中的重要价值。不用说其他，单单是艺术品市场交易每年带来的巨大经济效应就相当可观。总之，文化艺术作为创造财富的重要资源成为经济社会发展的动力，文化艺术日益经济化使文化艺术产业成为国民经济体系的一个重要组成部分。因此，要转变固有观念，把文化艺术资源当作重要的经济资源来开发经营，创造更多的文化艺术产品，提供更多的文化艺术服务，满足人民日益增长的文化消费需要。所以，发展文化艺术产业，不断提高其在国民经济中的比重和贡献率，是21世纪经济发展的大趋势。

（2）文化艺术是经济增长与社会发展的动力与源泉

不可否认，经济是文化艺术发展的基础，但是文化艺术的发展也为经济社会的发展提供动力。随着社会的发展和生产力水平的提高，整个社会对文化艺术的需求日益增加，人们的社会需求在不断变化，根据马斯洛的需求层次理论，在较低层次的需求满足以后，人们会追求更高层次的需要。人们物质生活的需要基本上得到满足后，开始向精神需求转移。精神需求在文化上表现为对书籍、音像、影视等文化艺术产品的需求。值得一提的是，即使是纯物质生活方面的需求，如衣、食、住、行也摆脱了实用性，逐步趋向于文化艺术性了。如穿衣不只讲究结实耐用，更多的是关注美观、时尚和品牌。

经济文化化的一个重要标志就是现代经济社会越来越注重商品中的文化含量。商品的文化附加值越高，其市场受欢迎程度越高，售价也越高。商品的文化附加值和文化特色，包括商品的构思、设计、造型、款式、装潢、包装、商标等，它们都凝结着设计者的文化素养、独特个性和审美意识，展示着人类社会的文明水平。从市场上看，任何一种有价值的商品，都凝结着一定的文化内涵，正是由于商品中所包含的文化特色、文化个性，促使商品的价值不断提高，市场需求旺盛。这些文化内涵、文化个性、文化特色，成为构成商品价值和使用价值的内在要素。在现代商品中文化价值含量越来越高，知识和文化在商品价值中所占的比重越来越大，有的时候商品的文化价值会几十倍、成百倍于商品制造成本。比如，一幅著名书画作品、一件珍贵的工艺品在拍卖会上可以拍到几百万、几千万元甚至上亿元的价格，这是不能简单地用市场经济中的成本原理来解释的。

（3）文化艺术具有重要的生产力功能

文化艺术和科技一样也具有重要的生产力功能，但是长期以来文化艺术的生产力功能和经济功能被忽视，主要原因有两个：一个是因为人类生产力发展水平较低，文化艺术与经济结合不够紧密，文化艺术的生产力功能还不明显，文化艺术的教化功能反而显得比较突出；二是人们对文化艺术的理解误区，很长一段时间以来，文化艺术被看作是上层建筑，是属于精神层面的东西，与经济基础是各自独立、互不相干的两个范畴，这就造成了人们对文化艺术功能片面性的认识。现代社会，随着社会生产力的快速发展，人们的认识水平不断提高，文化艺术对生产力发展的促进作用日益增强，文化艺术的经济功能开始显现，文化艺术的生产力功能也被人们逐渐认识。文化艺术成为推动社会发展的重要力量，成为社会生产力大系统中不可或缺的重要组成部分。

既然说文化艺术也是一种生产力，那么文化艺术的生产力功能体现在什么地方呢？文化艺术的生产力功能主要表现在文化艺术成为创造价值的重要资源，文化艺术可以直接或间接产生社会财富。可以看到，文化艺术资源丰富或者文化艺术发展水平较高的地区往往是区域生产力水平较高或经济发展较快的地区。比如江浙一带素以“文化之邦”“名士之乡”著称，文化底蕴深厚，文化艺术发展水平较高，其经济发展水平在全国也是处于领先地位的。这充分说明文化艺术具有重要的生产力功能，文化资源具有重要的经济价值。

文化艺术资源丰富的地区可以利用文化艺术的生产力功能实现文化艺术与社会财富的转化，传统文化艺术资源并不丰富的地区也可以利用外域文化艺术资源促进本地经济发展。

随着经济社会的发展，文化艺术的生产力功能越发显现，其对经济的推动作用日益明显，文化艺术与经济发展的一体化趋势渐趋明显。因此，有必要重新审视自身所具有的文化艺术资源优势，深刻认识到文化艺术的生产力功能，对自身所具有的文化艺术资源进行合理的开发与保护，实现文化艺术更大的价值，大力发展文化艺术产业。

（二）产业结构调整推动新媒体文化艺术产业发展

1．加快产业结构调整是文化艺术产业发展的基础

产业结构是指各产业的构成及各产业之间的联系和比例关系。在经济发展的过程中，由于分工越来越细，因而产生了越来越多的生产部门。这些不同的生产部门，受到各种因素的影响和制约，在增长速度、就业人数、在经济总量中的比重、对经济增长的推动作用等方面表现出很大的差异。因此，在一个经济实体当中，在每个具体的经济发展阶段，经济发展的重点不同，主导产业也不同，因而在不同阶段存在着结构的重大转换问题。各产业部门的构成及相互之间的联系、比例关系不尽相同，对经济增长的贡献大小也不同。因此，把包括产业的构成、各产业之间的相互关系在内的结构特征概括为产业结构。

中国经济发展进入了一个结构转换的新时期，已经进入了必须通过结构调整才能促进经济发展的阶段。要以提高经济效益为中心，以提高国民经济的整体素质和国际竞争力、实现可持续发展为目标，积极主动、全方位地对经济结构进行调整。在国民经济中，经常使用的分类方法主要有三次产业分类法。这种分类法是根据社会生产活动历史发展的顺序对产业结构进行的划分。第一次产业就是和人类第一个初级生产阶段相对应的农业和畜牧业；第二次产业是和工业的大规模发展阶段相对应的、以对原材料进行加工并提供物质资料的制造业为主；第三次产业就是以非物质产品为主要特征的、包括商业在内的服务业。

从三次产业比重的变化趋势中可以看出，世界各国在工业化阶段，工业一直是国民经济发展的主导部门。发达国家在完成工业化之后逐步向“后工业化”阶段过渡，高技术产业和文化艺术产业日益成为国民经济发展的主导部门。

另外，三次产业内部结构也存在一些不容忽视的问题。在农业方面，一是农业基础设施仍比较落后；二是我国农业产业化和规模化经营还处于起步阶段；三是产业选择上趋同，大宗农产品区域布局不合理；四是农业社会化服务体系不健全，农业投入的风险较大。工业方面，一是生产结构不够合理，表现为低水平下的结构性、地区性生产过剩，又表现为企业生产的高消耗、高成本；二是产业组织结构不够合理，目前我国各类产业的一个普遍现象是分散程度较高，集中度较低；三是产业技术结构不够合理，技术和质量的提高过分依赖引进，自主开发能力弱，在激烈的国际竞争中显得不太适应；四是高技术产业、环保产业等新兴

产业相对落后。在服务业方面，一是从第三产业内部结构看，我国仍以传统的商业、服务业为主，一些基础性第三产业（如邮电、通信）和新兴第三产业（如金融保险、信息、咨询、科技等）仍然发展不足；二是第三产业增长方式粗放，效益偏低；三是市场化程度低，技术创新能力不够。

2. 新媒体有助于文化艺术产业结构调整

从上面分析可以看到，大力发展第三产业是我国经济结构调整的方向。推动第三产业加快发展，一是要努力提高服务业的比重，二是要调整和优化服务业结构，提高服务业水平和层次，三是要加快服务领域的改革步伐。近年来，党中央提出的大力发展文化艺术产业正是顺应我国经济结构调整的要求，保持国民经济快速发展。文化艺术产业作为第三产业的生力军，是国民经济的重要组成部分，产业结构调整对文化艺术产业发展的重要性是不言而喻的。

新媒体的出现不仅仅影响传媒产业，对传媒产业产生重大变革，而且对文化艺术产业也产生重大的影响。新媒体与文化艺术产业的结合，除了有利于传统文化艺术形式的传播，扩大传统文化艺术的影响，还催生出众多的文化艺术表现新形式。比如数字电视、网络游戏等文化艺术产业新生代。新媒体与文化艺术产业的结合，给文化艺术产业注入了新的生机和活力，极大地丰富了文化艺术产业的表现形式，扩大了文化艺术产业的规模。这在一定程度上可以改变我国产业机构中第三产业比重较低的状况，改善国民经济结构，使之渐趋科学合理。

二、新媒体促进文化艺术产业发展的政策对策

（一）投入与扶持政策

任何一个产业发展都离不开国家投入与扶持，文化艺术产业发展也不例外。我国文化艺术产业发展相对较为落后，理应得到国家的财政投入与政策扶持，国家对文化艺术的投入与扶持政策的主要内容有加大对文化艺术事业的投入、加强文化艺术事业基本建设、建立规范有效的筹资机制。

（二）税收与价格政策

税收与价格杠杆是国民经济宏观调控的重要手段。文化艺术产业作为国民

经济的重要组成部分，政府自然也会运用税收和价格对其进行调控。根据我国文化艺术产业发展的现实情况，政府对文化艺术产业实行倾斜的税收和价格政策，这充分体现了国家对文化艺术产业发展的重视。

（三）文化艺术事业的社会捐助

文化艺术事业属于社会公益事业，国家鼓励社会对文化事业进行捐赠。规定纳税人可以通过文化行政管理部门或批准成立的非营业性的公益性组织对有关文化事业进行捐赠，为了鼓励企业对文化事业捐助的积极性，国家从税收方面给予优惠，规定在年度应纳税所得额3%以内的部分，经主管税务机关审核后，在计算应纳税所得额时予以扣除。上述规定中接受捐赠的主体包括国家重点交响乐团、芭蕾舞团、歌剧团和京剧团及其他民族艺术表演团体，公益性的图书馆、博物馆、科技馆、美术馆、革命历史纪念馆以及重点文物保护单位。

三、新媒体促进文化艺术产业发展的文化对策

（一）由文化艺术事业向文化艺术产业转变

我国长期以来把文化作为事业来看待，形成了文化事业管理体制。文化体制改革的出台，开始了由“事业模式”向“产业模式”的重大转变。这场变革从根本上改变了传统的文化艺术观念，文化艺术走向了产业化发展道路，面向市场，成为国民经济增长的重要力量。把文化艺术作为产业来对待，不只是概念的不同。提出文化艺术产业概念，意味着要把文化艺术作为一种经济资源来进行配置和经营，文化艺术产业要按产业化组织方式运作和经营，要建立社会化的分工协作体系，要讲究规模效益，要提高投入产出效益，要提高产业的市场占有率和竞争力。这种认识远远突破了传统文化艺术产业的界限，一方面它可与传统第一、第二产业嫁接，并使后者的内涵扩大；另一方面，它自身的发展又可催生出新的边缘产业。比如文化产业与新媒体的结合，既催生出新媒体文化艺术产业新军，又激活了传统文化艺术产业的生命活力。

受到数字技术的带动和影响，现代文化艺术产业建立在大规模复制技术之上，具有最广泛的传播功能，与信息产业相关的文化艺术产业将成为引领文化艺术产业

结构升级、提升文化艺术产业综合竞争力的主要力量，成为带动第三产业以至于整个国民经济发展的战略性主导产业。特别是近年来通信、广播电视和视听电子产品数字化的快速发展，带动了我国相关文化艺术产业的发展。传统的大众传媒也在向信息产业靠拢，传统的音像业也正在迅速地进行技术升级。所有这些变化从根本上改变了大众娱乐形态，反过来为信息产业发展创造了一个又一个新兴的文化市场。

我国文化艺术产业已成为与新媒体信息产业互为条件、相互促进，对国民经济发展全局具有重大带动作用的战略性产业。这种战略地位主要体现在三个方面：一是它广泛地渗透到其他产业，使其成为不可缺少的经济资源和生产要素；二是它在国民经济或综合国力构成中的比重日益突出，具有战略地位；三是它与高科技结合具备了产业先导的品质，具有产业发展的战略带动力。

目前，人们对文化艺术产业这一概念还存在着一种误解，以为只有推向市场的文化艺术部门才是文化艺术产业，靠国家财政支持的文化艺术部门不是文化产业。其实，所有文化艺术部门都属于文化艺术产业。正如工农业的产业性是由工农业生产出工农业产品证明的，并不以工农业产品必须在市场上出售为条件。所以，第三产业的产业性不是以是否实行市场化经营为标志，文化艺术部门是否市场化与文化艺术部门是不是文化艺术产业也不是一回事。

（二）由行政化管理向产业化管理过渡

国家提出“调结构、保增长”的宏观经济调整口号，已经明确了要大力发展第三产业的产业结构调整目标。关于国民经济第三产业发展的总体框架，发展的目标和重点都已经确立。为了落实中央政府经济发展的思路和精神，各地也努力从实际出发，把文化艺术产业纳入城乡总体规划，因地制宜，统筹安排，发展各具特色的文化产业，逐步建立起布局结构合理、门类齐全、面向群众、满足需要的适应社会主义市场经济体制的文化艺术产业。

国家对文化艺术产业的管理由行政化向产业化过渡还体现在调控手段上。市场这只“看不见的手”的调控作用越发突出，利用行政计划命令进行调控逐步减少。除前述的税收和价格政策强有力的调控之外，文化艺术产业的投融资渠道也会进一步放开，文化发展基金、债券、股票等一系列文化艺术产业的融资方式，已经开始或正在酝酿之中。

（三）加快文化艺术市场化进程

随着经济的高速发展和人们生活水平的日益提高，全社会表现出日益高涨的文化艺术需求，如影视制品、音像制品、商业演出、竞技体育的市场需求迅猛发展，这种全社会日益高涨的大规模、多层次、快节奏的市场化文化需求，单靠原先文化事业的“统管”模式已根本无法满足，迫切要求文化市场迅速发展，改变文化艺术产业化运作模式，加快文化艺术市场化发展进程。

文化艺术业要生存、要发展、求壮大，只有勇敢地面向市场，主动地走向市场。以文化演出业为例，它具有典型的文化艺术产业化的特征和文化艺术市场化的基础。随着文化体制的改革和市场经济的发展，完全靠国家财政投入已不可能，大部分文艺演出团体的生存发展之路就是勇敢地走向市场，为市场提供优质的文化艺术产品，创作出广大群众喜闻乐见、特色鲜明的优秀剧目和作品，获得良好的传播效果和口碑，提高市场占有率。

加快文化艺术市场化进程，可以加快文化艺术产业发展，提高文化艺术产业在社会生活和国民经济中的地位。

四、新媒体文化艺术产业的发展趋势

（一）新媒体与文化艺术产业结合的领域更加广泛

新媒体文化艺术代表了当今文化艺术发展中最有力、最尖锐的探索力量，综合与融会了各种艺术样式，体现了文化艺术发展的复合性与多元性。新媒体作为一种强大的传播手段，与文化艺术产业结合的领域会更加宽广，不断地影响甚至塑造着人们的情感和思想，改变着人们的生活习惯。当今，大部分新媒体时代的文化艺术以与计算机信息科学相关的网络技术、人工智能、虚拟现实为主体，但是，这些技术往往并不成熟，在不久的将来，科学的发展将带来更加复杂而令人震撼的文化艺术形态。

新媒体时代文化艺术和信息传播正在激烈地发生着更替和变化，新媒体文化艺术的形态并未结束，甚至可以说刚刚开始。但无论形式如何更迭变化，新媒体文化艺术的精神将继续传承与发展，艺术家将继续与科学家联手，不断突破现有技术和艺术手段的限制，本着对人类社会的高度责任感，以人类的美好情怀关注人与自然及人与社会、民族之间的和谐发展，以创造性的艺术与设计满足人类在信息社会的精神与物质需要。新媒体文化艺术不仅将科学与艺术联系起来，而且也在艺术的传统和未来之间架起了桥梁。它在融合传统表现方式的基础上加入了电子世界的独特语言，并在现实的发展中改变着现实。新媒体的开放性和跨领域性决定了它需要走大众创造的路线，受众的集体参与和创造给艺术作品提供了源源不断的生命力，也为文化艺术产业的发展开辟了更为广阔的空间。

（二）新媒体使文化艺术消费趋于个性化

而今，人类处在高度发达的信息社会，信息洪流冲击着每一个人的日常生活。消费者的时间和空间都显得支离破碎，任何单一媒体已经很难满足所有受众的偏好，更不可能达到满足任何受众任何信息需求的愿望。所以新媒体将会更加关注新的受众市场的细分，只有有效地细分出新的受众市场，对有效的目标客户和潜在客户进行有针对性的信息传播，才能使新媒体得到更好更快的发展，也才能挖掘出更多更广阔的创新空间，促进新媒体的成长。例如就报纸而言，在很多年以前，随着知识结构以及思想观念的进步和改变，可能大多数受众对于很多国际新闻或者国内时事会更加关注，但是今天的受众对报纸上“当地生活信息”的关注已经远远大于对“天下信息”的关注。因此，传统媒体可能需要在内容上有一些调整。过去传统媒体总是讲大众，动不动就讲多少发行量和读者规模；但是在媒体碎片化和受众偏好细分的时代，小众比大众更有价值，不同类型的媒体都会被不同偏好的消费者和受众接受。只有实实在在地抓住受众的偏好，才能更加有针对性地把握受众，满足受众的需求。为此，分众化的趋势将不容忽视。

消费者的碎片和传媒媒体的细分促使文化艺术消费呈现出个性化的发展趋势。个性化其实是人类发展到机器工业大生产的阶段，在同质化的生活中寻求个人特征，希望与众不同的一种心理表现。在生产力的发达程度允许服务行业发展到特定阶段以后，个性化成为一种可能，并且目前为越来越多的都市人所追求。消费时代的市场特征要求我们不得不使自身的产品极具个性，只有这样才能更好地赢得市场竞争，才能更好地吸引受众的眼球，赢得受众的关注。到目前为止，为个人定制媒体信息或者媒体节目内容是我们能够做到的，但是可以预见，媒体个性化发展的未来趋势不仅局限于内容和形式，将扩展到更加宽广的领域。

（三）新媒体下的文化艺术更加人性化

人性化是新媒体技术区别于传统技术的特征之一，并且新媒体技术还将沿着这个方向努力下去。“人性化”的提出使得技术制造部门的生产目标发生了转折，这就是“不是为了让人去适应机器而制造机器”，而是“为了让机器去适应人而制造机器”。如何让机器工作环境的设计更加符合人类的生理和心理特点，让人们在工作过程中能够感受到舒适和便捷成为技术制造部门的目标。可以说，人性化的发展趋势是新媒体文化艺术的发展趋势之一。

从新媒体时代文化艺术的发展来看，它似乎已不仅仅是一门艺术，而逐渐成为一个联系人与信息世界的中介，成为当代文化艺术的一个界面，人们通过与它的交流来学习和把握这个世界。在传播技术越来越发达的今天，传播媒体日趋丰富，在新媒体的带动下，文化艺术与人们的日常生活会结合得越来越紧密，未来的文化艺术发展将会更加关注与人的沟通和交流，将会呈现出前所未有的人性化。

新媒体时代的文化艺术是人性化，强调以人为本，无论是在内容生产上还是传播形式上，都要从受众的根本需求出发，不能忽略受众的审美需要和情感需要，因为人类永远是追求美的、新鲜的和有情感的事物。正是在艺术创作上有了新的突破，艺术家不再是独立创作，欣赏者共同参与创作的特点恰好迎合了大众的自娱心理，因而才吸引了众人的积极参与。新媒体的出现，改变了文化艺术的创作方式、欣赏方式、传播方式，甚至影响到艺术创作的理解、观念。新媒体文化艺术正是通过这种纽带作用影响着人们的思维和行为方式，推动了艺术与其他领域的合作与交流，并促使艺术走向大众，走向更为广阔的境地。

新媒体时代的文化艺术传输方式也发生着重要的变化。由静态传输到动态传输，从被动接收到互动参与。互动多媒体技术（如虚拟现实技术）的加入，改变了观众的角色身份，给观众带来很多不同的感受，也使观众由一个完全的被动者，进而转化为一个主动参与者，极大地调动了观众的参与积极性。

（四）新媒体文化艺术将越来越普及

从世界范围来看现代科技的发展，尤其是信息技术、数字技术的广泛运用，给当代文化艺术的存在方式带来了革命性的影响。数字传播技术下的新媒体已经催生出众多的文化艺术新形态，甚至融入人们的日常生活，成为一种生活方式，正在影响、改变着人们的日常生活、工作、交往、娱乐等各个活动领域，比如伴随手机产生的“拇指一族”和“低头一族”等。

毋庸讳言，新媒体文化艺术产业逐渐进入现代社会并影响着人们的社会生活。文化艺术产业在主导传媒形式的变化中起着举足轻重的作用，它不仅引起了原有艺术生态格局的全面变化，也改变着整个社会的经济结构。当然，新媒体与文化艺术产业结合在催生出新的文化艺术行业的同时，也对一些传统艺术行业造成了一定的冲击，比如剧场艺术的衰落。这就必然导致文化艺术产业内部发生大的重组兼并、优胜劣汰。比如国家“三网融合”的推进，既是产业结构升级的要求，也是产业融合发展的要求。

新媒体时代的文化艺术已经越来越多地出现在人们的生活中，新媒体文化艺术的成长与发展将深刻影响着每个人的生活，也将以全新的视觉改变人们对艺术、对美的理解。新媒体与文化艺术产业结合的明天应当是由数字技术突破带动的，无所不在、无时不在的多媒体平台。未来通讯社、报刊、广播、电视、网络、手机等媒体将在先进的信息技术基础上融合为声像图文并茂的多媒体新闻平台，并与电子商务、电子政务、电子公务、电子医务、电子教务等有交叉和融合的趋势。无论如何，新媒体与文化艺术产业的结合将会更加便捷地融入人们的日常生活，新媒体与文化艺术产业的发展前途将一片光明。

第五章　新媒体背景下文化产业的创新与发展

第一节　新媒体背景下听象类文化艺术产业的创新与发展

基于数字技术之上的信息传播媒介发展日新月异，从网络时代进入移动终端的新媒体时代，最大限度地融合了多元的传播手段，给予受众集视觉、听觉、触觉为一体的文化产品体验。新媒体作为一种相对概念，指与传统媒体相对而言的新兴媒体，传统意义上我们将新媒体理解为除广播、电视、报纸等传统媒体的网络、手机等新形态媒介。听象类文化艺术产业则指以音乐为核心的产品生产、销售、服务为一体的产业化形态，包括音乐艺术教育；音像产品、音乐剧、音乐类电视节目生产制作；以音乐为核心要素的物质类与精神类产品的销售传播等。

信息时代到来后，媒介本身及传播内容已经渗透和影响着社会发展的各个层面，甚至改变了人类的生活方式和一代人的价值理念。新媒体以技术为支撑，以渠道特点与功能为载体，是听象类文化艺术产业各个链条中不可或缺的重要组成部分，在其产业化发展过程中对各个环节都起着不同的作用。特别是在以渠道、终端为王的传播阶段，新媒体的出现和发展几乎改变了听象类文化艺术产业的形态和变革轨迹，成为产业竞争之间的关键元素。产业链条中的主要部分由生产者、生产过程和产品组成。听象类文化产业具有一般的产业属性，也具有其特殊性。听象类文化艺术产业归属广义的文化产业范畴，具有物质消费与精神消费的双重属性，结合了服务社会与商业价值的两重功能；同时，听象类文化艺术的个人创意与大众审美情趣密切相关，既是一种艺术的创作，也是一种产业化的批量生产。与其他文化产业相比较，听象类文化艺术产业更追求作品的情感共鸣、多元素类别间的联系以及个性化的体验。而新媒体的功能恰恰放大了这些特质，从而影响了听象类艺术产业的发展。

一、新媒体对促进听象类文化艺术产业发展的作用

（一）新媒体与听象类文化产业的关系

与传统产业相较而言，听象类文化产业更突出地表现在精神层面的承接、感受与维系。音乐创作、音乐演出、音乐节目以及音乐活动都是集图像、声线、肢体等综合表现方式的信息传播。而受众在接受音乐的同时，需要与传播者有共同的文化背景，即传播学范畴中提出的“共同意义空间”，因此音乐传播也是一种社会传播的范畴，在简单音符之下是一种文化的传承与情感的共鸣。而所谓产业化的发展，即把音乐的传播形态、过程和体系赋予商业的符号和价值，音乐从一种文化信息的传播方式衍化成丰富的经济形态，这也是在我国市场经济发展的背景下，赋予音乐传播的新意义。以音乐为中心的产业发展，集音乐教育、音乐出品、音乐演出等内容为一体，形成完整的产业链条和结构，并以独有的盈利模式在文化艺术产业发展中占有一席之位。

所谓新媒体，是信息传播的一种介质与物质载体，在音乐信息的传播中发挥重要的作用，可以说一部音乐发展史与信息发展历程是重叠的。随着媒介的变化，我们将社会的进程划分为口播时代、印刷时代、电子时代及网络信息时代，而音乐的发展也正经历了从口口相传、面对面的音乐欣赏与交流，到乐谱发明后的音乐记录式发展，进入到CD、MP3等电子化音乐产品的大发展，直至今日我们关注的数字化、网络化音乐时期。每一次传播媒介形态的变化与发展，无不触动着音乐传播者、传播方式、传播效果乃至受众习惯的革命性变革，作为产业发展的中心环节，音乐传播的质变必然影响听象类产业的发展方向、商业模式和产业结构，从而对整个文化工业造成重大影响。

（二）新媒体时代赋予听象类文化产业的新特征

1．标准化与个性化创作的兼容

音乐作为艺术的主要表现形式之一，从《诗经》中的民间歌谣，到《高山流水》的吟诵，音乐既是大众生活集中情感的表达，也是极具个性化的艺术创作。以网络媒体、移动媒体、数字媒体等为主要介质的新媒体时代，海量的音乐信息和低进入门槛，使音乐创作进入日日更新的高峰时期，音乐市场竞争也进入

白热化阶段，音乐产业从艺术市场向大众文化消费市场逐渐过渡、融合。新媒体时代的音乐在媒介及技术的急速膨胀下已经进入工业化、产业化的制作方式，艺术创作与产品生产相结合，当商业成为艺术创作的意识形态后，机械化的复制带来标准化的产品，从而引起标准化的消费，阿多诺就认为以工业方式操作的流行音乐具有标准化与伪个性化的特点。不可否认的是，在快餐式的文化消费形态下，音乐这种极具个性符号的艺术创作也在市场规律的无形操纵下寻求大众文化的消费需求。可以被替换的节奏与歌词，总是相近的情感表达，都体现出新媒体时代下音乐创作的批量化与统一化；另一方面，音乐从本质属性上看，与其他类别的商品生产不同，它依然带有浓厚的个性符号与特征。新媒体时代的互动、易操作性及低门槛等特征，导致更广泛的群体通过简单的操作，创作带有个人气质的音乐作品，并直接通过新媒体介质传播。如近年来被人津津乐道的网络神曲《忐忑》，几乎打破了常规的音乐创作规律，以重复性的节奏和哼唱形式创新出独具歌手个性的音乐风格，并在网络传播中获得较广的传唱度。如此个性化的音乐作品在旧媒体时代的审查制度下恐怕连播出的机会都没有，而新媒体时代，个性成为传播的有力助推器，也在标准化生产线中寻求个性的突破，从而兼容了音乐制造的标准化和个性化特征。

2．生产者与消费者从分离到合一

在新媒体出现以前，听象类产业的生产者与消费者具有明确的界限，从信息文化传播的角度上来看，传者与受众具有明确的角色定位。无论是个体与个体的单向传播还是电子媒体的大众传播，音乐创作始终具有技术性含量，传者必须具备一定的音乐技能，同时加之专业机构的策划、推广才能进入市场。而新媒体发展以来，特别是自媒体的出现，大众化与个性化兼容发展，网友通过软件自己演唱、制作、分享，通过以“我”为中心的自媒体传播渠道，生产制作音乐作品。这时音乐制作人既是生产者、音乐信息的传播者同时也是受众，即信息传播的接受者。两者原先明确地界定，在自我生产、传播、推广中从分离走向合一。新媒体传受合一的渠道特点也使受众中具有音乐才华而缺乏宣传路径的音乐人在新媒体市场中拥有一席之地。如现在较为知名的音乐人许嵩在读书时期坚持自己写歌、录歌，并选择互联网发布作品。在大学四年期间歌曲点击率一直居高不下，并在网络中拥有较高人气，毕业后与专业的音乐制作公司签约，开始了自己的音乐人生。快捷便利的互联网时代，为更多有能力和才华的音乐人提供了产品的推广渠道和提升市场知名度的最好平台，从而极大地丰富了现代音乐产品的类型和内容。

3．从专业化到平民化的转变

音乐在产业化之前是艺术，而进入产业化、工业化发展进程，它就是艺术产品的商业化包装。当然，商业与艺术不存在必然的关系，也不是所有的音乐产品都是艺术作品。在当代经济模式下，大多数的音乐作品更贴近于一种商品。新媒体的传播方式在更新技术的同时也对听象类产业的制作方式产生了深刻性的变革影响。音乐回归本质，除却大众媒体外，空气是声音传播的必要介质，而声音是人的一种感性器官，因此声音和具备特质声音的人是音乐创作的必要条件。歌手作为听象类产业中最具特色的商品，往往要通过企业的策划、宣传、发行、活动等一系列专业流程打造。新媒体时代到来后，草根阶级拥有了更多的话语权和表达权，而之前一系列复杂的“歌手培养机制”也在快捷的传播中被简化成最原始的“传播—接受”模式，如果能够被网友传播，则可以“一夜成名”；如果不能被传播，也丝毫不影响其整体的发展路径。特别是近年来，传统媒体已经意识到新媒体的巨大潜力，媒介融合成为行业趋势。娱乐性成为各大卫视的核心竞争力，音乐类竞技真人秀成为最受追捧的节目类型。如湖南卫视模仿“美国偶像”推出的“超级女声”，因全民的参与和极高的网络关注度成为全球关注的真人秀节目；“中国好声音”也在2012年的夏天成为业界关注的成功选秀节目。从此，以音乐为主题的选秀类节目可谓层出不穷，目不暇接，各出奇招，但在诸多音乐类节目中，共通点就是充分利用新媒体平台。而不可否认的是，正是由于新媒体的存在才让音乐从专业逐渐转向平民，回归音乐依靠声音。而专业到平民的转变主要体现在以下几个方面：首先，单一专业音乐人到平民歌手的多元化发展。音乐作为技能性较高的一项文化艺术活动，在新媒体时代之前，都是以专业机构挖掘、培养为唯一途径，主要的模式是传统音乐公司的市场运作方式；而新媒体出现后，特别是新旧媒体的融合时代，从选秀节目中脱颖而出的平民歌手拥有极高的网络人气，也成为音乐市场份额中不可或缺的一部分。其次，新媒体时代音乐作品的审美也从专业化的精细性逐渐转向平民化的趣味性。全民娱乐时代，人们的音乐审美也在发生变化，从追求音乐质量的尽善尽美到追求生活化、娱乐化的平民作品，音乐作品的传播度与传统的审美观已不完全呈现正相关的趋势，如某位连音准都不能做到的选秀歌手却以她极具趣味性的“绵羊音”和朗朗上口的歌曲旋律获得了市场的认同，虽然存在争议却不能忽视其已然在转变的现实。

4. 新媒体技术下的虚拟仿真感受

音乐的主要功能是可以调动人的听觉，通过节奏、音律、声调的变化来表达情感、传达信息。而新媒体技术的发展，极大地扩充了听象类艺术的内涵和表现方式。传统技术下强调音乐欣赏的现场感和真实性，作为戏剧、影视、舞蹈中的灵魂要素，特别是数字化，3D成像等技术日渐成熟，强化了舞台音乐现场的感染力和渗透力，美轮美奂的舞台效果让音乐感受更加深入人心，将以听为主的艺术欣赏衍生到视觉、触觉等多元化的感受。如2013年周杰伦的台北演唱会，曾缔造出《钢铁侠3》《泰坦尼克号》等视觉盛宴的数字王国集团有限公司通过电脑生成如照片般真实的影像——邓丽君“重现”并让其表演全新的内容。这一过程被数字王国的特效师形容为“技术、艺术和科技的完美结合体”，让众多受众大呼不可思议的同时，也享受了一场听觉和视觉的盛宴。技术的发展使大众媒介传播缺乏现场感和真实感的不足得到弥补，新媒体技术的成熟让在众多艺术表演形式中起辅助作用的音乐要素也成为核心，麦克卢汉的媒介观就着重强调媒介技术在信息传播中的作用，提出“媒介即信息”“媒介即人的延伸”。新媒体数字技术的不断发展，承载了更多的信息内容，也创造了新的想象，将视觉、听觉、感觉融为一体，赋予音乐信息传播以生命力。

5. 音乐功能的多元化开发

音乐是精神情感提炼之后的一种符号化表现方式，具有审美、认知、教化的基本社会功能，是人们情感倾诉、娱乐休闲、放松愉悦的最好途径之一。新媒体载体上的音乐，不但延续了其固有的功能属性，与新媒体的功能和技术结合后，发挥的作用和功能也得到了释放，发展出了新的社会功能。

（1）新媒体互动下的音乐沟通

新媒体的互动性、开放性、匿名性，一方面激发了人们社会性的沟通交流欲望，一方面又为这种交流提供了便捷的平台。在各大音乐网站中，评论、留言、上传、下载等已经成为基本功能，网友在对音乐作品的意见表达中，可以与其他网友建立联系，寻找与自己志趣相投的盟友，形成由音乐带来的朋友圈，发挥其社会联系的功能。

（2）独有音乐文化的形成

随着互联网，手机移动终端的发展，音乐在不同媒介传播过程中不断丰富完善其类型，特别是针对不同的受众群体，音乐的种类也在不断变化。近年来，风靡一时的网络音乐因为其强大的网友受众和传统媒介的推荐，已经从非主流走向主流，网络歌手也在成长中逐渐获得受众和市场的认可。如从网络音乐中成名的凤凰传奇组合也登上了央视的春节联欢晚会，他们的音乐更是社区活动中常用的配乐。网络音乐从虚拟社会走进现实，音乐传播中也形成了独有的网络文化，无论其内涵是什么，都是对当代社会文化形态的一种补充，也是音乐文化的创新。

（3）媒体社会功能的音乐嫁接

新媒体作为传播媒介而存在，本身具有多元化的社会功能，音乐通过与新媒体的结合，对其自身功能的发挥起到强化的作用，形成了良好的嫁接。大众媒体的舆论监督、环境监测、文化传承、社会联系等功能，一部分在听象类产品的媒介消费中实现，一部分得以完善。如新媒体的个性化推送设置，可以根据受众选择的歌曲进行关联性的推送，这些功能体现了新媒体“窄播”技术下的个性化服务，但消费者的消费习惯、个人喜好也在选择中得以表露。而集体意识上的选择，对于一段时间内特定群体的情感喜好也会通过音乐传播渠道知晓，除了实现音乐的娱乐、经济功能外，也是一种社会服务与环境监测。

（三）新媒体对促进听象类文化艺术产业发展的具体作用

1．新媒体技术的发展，提升了音乐作品的传播影响力

回顾音乐产品的发展沿革，从音乐发展之初“传者—听者”的简单人际传播，发展到乐谱出现后的记录式群体传播，再到磁带、CD的大众传播，音乐从曲高和寡到成为当下大众生活的娱乐必需品，从高雅音乐到流行音乐，听象类艺术的感染力和传播力随着传播媒介的变化而不断增强。新媒体技术的发展，为音乐作品的传播提供了更为便利的倾听渠道、更加个性化的选择以及更为娱乐化的互动体验，从而大大提升了音乐的影响力。随着互联网的发展，从音乐的类型上看，除了传统意义上的音乐类型，如爵士、摇滚、流行音乐等，出现了大批量的

网络歌曲，如《老鼠爱大米》《最炫民族风》等，自成独有的音乐风格，也广为流传。网络歌曲的风靡，不仅是互联网普及带来的结果，更体现了听象类艺术产品在新媒体传播下的自我调适。随着传播途径的改变，受众的群体范围、类型及喜好都出现了极大的变化，从而演化出了迎合网络文化的音乐类型。跨越地域和阶层的网络受众在网络世界里感受和分享音乐。韩国歌手PSY的《江南style》在网络发布三个月内，点击量就超过10亿，这首反映韩国富人区生活的歌曲唱遍了世界的各个角落。从受众范围来看，新媒体的发展使听象类艺术作品的传承与普及得到了前所未有的扩展，随着传播媒介的发展，音乐从小众的高端精神消费品，成为大众消费品，而音乐手机、音乐类网络游戏、播放软件的开发，使音乐打破了时间、空间的限制，几乎做到了即时即刻的欣赏。随着对受众需求的最大化挖掘，音乐与游戏、娱乐、竞技类节目完美结合，扩展到每个人心中，影响范围几乎涵盖了所有的年龄层次、职业类别和社会团体。中国最具有影响力的选秀节目都依托于音乐：湖南卫视的“超级女声”以手机短信投票、网络互动等方式赢得了青少年群体的关注，浙江卫视的“中国好声音”成为假期档各时段收视率最高的节目，“我是歌手”吸引了高年龄段的观众，弥补了湖南卫视收视群体年轻化的短板。所有这些以听象类艺术为核心的文化产品，在与新媒体的互动、传播和推动下，吸纳了当下最广泛的群体注意力，也创造了传媒产品中的经济价值，体现了听象类产品本身的双重属性。从新媒体功能上看，技术的发展深化了听象类艺术的个性化与互动性，增强了消费体验。从最初的以听为主，互联网的互动、兼容、个性，都给予听象类产品更丰富的感受。手机和互联网通过个性化服务可以根据不同的横纵关系对歌曲进行分类，如性别（男/女）、区域（港台/内地）、歌手等，也可以根据当下的情绪进行歌曲选择，如忧伤的、轻快的、悠闲的等。互联网还可以根据网友近一段时间的歌曲收听情况，制定个性化的推荐服务，分析受众的喜好，找出他们之间的联系，从而有针对性地进行关联和推荐，往往能迎合大部分受众的独有偏好，更人性化的服务带来了更个性化的体验。而评论、推荐、共享、上传等功能的开发，让受众在听的世界里充分地与他人实现互动，即时的反馈与讨论，更能激发人们的热情与兴趣，吸引更多的受众参与。

2．新媒体的运用催生听象类产业新的商业模式

唱片机时代听象类产业的经济收入渠道主要是音乐产品销售和音乐演出活

动，因为人们接受音乐信息的方式十分传统，要么延续旧时代的面对面传播，要么依靠电子媒体的唱片播放，受众是被动的接收，音乐资源被限制在固体的物质载体中，接受音乐信息的成本相对也高，专业的音乐制作机构以唱片销量作为主要的经济收入方式。新媒体即互联网和移动终端的发展，彻底颠覆了音乐产业的商业模式，唱片销售已经走向衰败。互联网中大量的音乐资源，受众可以随意地下载、播放、储存。由于我国文化产业的版权发展尚不成熟，商家通过版权收入的途径是无法支撑音乐制作的投入的。据海蝶介绍，2012年我国音乐产值已超过300亿元，远远超过影视产业，但不像游戏内容方版权收益达到70%、电影达到40%，唱片公司生存艰难，版权方收益只有2%～3%。“卡拉OK市场产值2000亿元，音乐版税占100亿元，音乐版权收益方占0.1%，2010年实收版税才1亿多元，版权方只占30%即3000万元，收账渠道分成40%，大陆只有30%的收益分配也就是900万元，分到一线唱片公司实收37万元。”唱片公司在没有法律和体制保障的音乐版权制度下，受到互联网免费音乐下载的严重冲击，消费者从必须购买唱片才能听音乐发展到了互联网时代免费选择歌曲重复收听的方式，传统的商业模式岌岌可危。而很多音乐公司和从业者是以歌曲的传唱度提升市场知名度的，利用知名度通过广告代言、艺人经纪活动收入等方式生存。因此，新媒体取代了唱片机成为最大的音乐播放载体。一方面，政府要通过宏观调控和法律制度的完善加强版权保护，为音乐市场的发展提供良好的外部环境；另一方面，作为市场主体，音乐公司要正视新媒体发展对唱片行业的冲击，面对产业模式的变化，积极应对，充分利用互联网的优势和特点，开拓收入渠道，完善传播机制，开发音乐产业的衍生产品，培养受众的付费习惯，多渠道开发音乐业务，将网络媒体的传播力转化成音乐产业的发展力，通过艺人培养、电影音乐制作、音乐教育、广告、音乐演出及网络播放版权等多元化方式挖掘听象类产业的经济价值。

3．新媒体的运用促进听象类产业结构的形态变化

互联网平台的出现，使CD、唱片时代的音乐实体向网络音乐资源下载的数字化时代转变。在传统的音乐产业结构中，唱片公司是产品生产商，实体的CD商店是产品销售渠道，音乐爱好者是消费群体，一直进行着传统的“生产—销售”的模式。新媒体时代的听觉产业，在传播的渠道、音乐产品的形态和消费者

的消费习惯都发生了质的变化，催生了音乐产业整体的结构变化。互联网时代的听觉产业，产品的数字化形态决定其信息通过网络和数字技术进行传播，中间渠道由通信服务商、音乐软件和专业网站等替代了原先的实体店经营。在音乐产品推广的初期，各大网站推行免费下载来争取网站流量和受众数量，已经培养了消费者免费享受基本视听服务的消费习惯，而渠道商通过歌曲定制、会员注册、广告和高品质音乐享受等增值服务来获取经济收入，这样的产业模式目前仍处在发展的初级阶段，在盈利模式和产业结构调整上寻求突破和发展。

二、新媒体与听象类文化艺术产业的创新关系

（一）基于新媒体平台的听象类文化艺术产品的渠道创新

新媒体时代，信息传播关于从内容为王到渠道为王的争议一直都未平息。作为依靠新媒体技术发展传播的一种经济活动、产业模式，以音乐为核心的产业发展也经历着改变带来的活力与创新。新媒体的发展在听象类产业创新中最为突出的表现在于提供了全新的传播渠道，带来了全新的平台功能和特点，直接影响着音乐产品的市场拓展和音乐信息的传播，从而改变了其传播效果。

1．音乐搜索引擎

搜索引擎是指通过网络信息整合，提供信息链接服务的互联网信息传播方式。音乐搜索引擎则是专门从事音乐产品搜索的网站。音乐搜索引擎可以通过歌手、歌曲名称等关键字搜索，准确进行资源的确定和下载。音乐搜索引擎的最大优势在于资源的最大化整合，搜索类网站不以自身的内容生产为核心，却极大地体现了渠道为王的媒介理念，对音乐资源进行聚集、整合。网友只要通过关键信息就能准确地找到自己想要的歌曲，而如“百度音乐”这类的搜索服务，只提供歌曲的下载链接，而不是直接进入网站下载，既合理地规避了盗版网站歌曲下载的版权问题，也为网友提供了最大的便捷，体现了互联网海量信息带来的优势服务。

2．专业的音乐网站

随着听象类文化艺术产品传播途径的转变，音乐类专业网站也在不断兴起。近年来，如QQ音乐、网易云音乐等专业音乐网站已经成为继搜索引擎之后的第二大数字音乐传播渠道，专业音乐网站的营收在2009年就已经占到整个网络

在线音乐营收的30%，并在逐年增长。音乐网站以其丰富的音乐内容，并以提供咨询、社区，游戏等增值服务获得受众的青睐，而其商业模式则以免费下载试听为契机，通过广告、会员收费、游戏软件的推广等方式增加营收额度。如QQ音乐的收费服务称为“绿钻贵族”，每月缴费10元即可享受高品质音乐下载。如果一次性交齐一年费用，还可享受在QQ空间设置背景音乐等特权。QQ音乐依托其强大的QQ用户，其音乐会员的收入也不可小觑。

3．综合门户网站的音乐频道

综合门户网站以传播信息为主要内容，其中音乐频道的设置是其综合传播中重要的组成部分，但受到音乐搜索引擎与专业音乐网站的市场冲击，综合门户网站的音乐频道在资源整合和信息传播上都未体现其竞争优势。从网民调查来看，综合门户网站音乐频道的影响力也相对较小，基本保持在20%的市场份额。综合门户网站的优势是以网站的知名度和综合特点发掘潜在用户，以核心价值带动音乐频道的发展。音乐频道在音乐搜索引擎和专业音乐网站的夹击下，须寻找自身的发展特色和不可取代的内容服务，并依托综合网站的品牌效应建立行之有效的运营模式，才是其实现发展的出路所在。

4．基于P2P技术的音乐播放器

P2P技术指的是peer-to-peer，在音乐传播中可以理解为点对点传播，是在专业音乐网站的基础之上开发的音乐播放软件，是集合了搜索、播放、个人定制、朋友圈、评论等多元功能的音乐分享平台。如千千静听、酷狗播放器等在功能上的升级和音乐的共享性，受到了广大网友的青睐。但P2P技术在升级发展中也直接涉及版权和播放权的问题，在欧美国家完善的版权保护制度下，是严禁网友采用P2P软件进行音乐甚至文件的传送的，一旦发现将受到严惩。但在目前我国音乐资源免费使用的大环境下，P2P音乐软件的市场占有率依然十分可观。如酷狗音乐中快速的网络搜索功能、在线聊天、文件共享、歌词下载上传等互动化、个性化的功能为视觉产品带来更多更直接的体验。音乐播放器依托于强大的网络平台，在整合功能的基础上体现出更加多样化的消费体验，但尚未解决音乐播放的版权问题。一旦我国新媒体网络音乐的收费制度理顺后，其发展趋势也有待观望。

5. 社交网络平台下的音乐传播

在新媒体平台的传播交往中，微博、微信等社交网络的发展与应用是不可忽视的部分。随着移动、联通、电信三大通信公司对彩铃、音乐手机业务的拓展，通信商是继互联网之后与音乐公司合作最为紧密的渠道商，而手机互联网的应用，特别是微博、微信的应用，将音乐、互联网和手机紧密结合，加之网络社区的社交、分享和互动功能，使网友在朋友圈的音乐自制、传播和评论逐步展开，是新媒体环境下听象类产品的重要推广平台。

（二）听象类文化艺术产业渠道创新的媒介因素

1. 多媒体化

作为仅次于视觉图像的信息传播手段，听觉化信息产品在数字化艺术中占有重要地位。多媒体这一概念在较早的时候只是让计算机发出简单的声音，这时的图像与声音就是“多媒体”；而现在的多媒体概念则正在试验把触觉、嗅觉以及味觉等信息传递形式包括进来。在新媒体时代下的音乐制作与演奏，都需要借助于多媒体化的平台。诸如演唱会就要借助声光、视觉图像等多媒体化的表现手段才能有临场感。多媒体平台化的音乐是对纯音乐形式的一种挑战，视觉媒体的介入使对欣赏者本身素质要求很高的纯音乐形式向更加多层次、平面化方向发展，音乐当中的深层含义往往借助视觉可见的辅助手段直白地表达出来。在这种多媒体的欣赏方式当中，欣赏由单纯的听众变为视听结合的综合欣赏与接受，然后在信息平台随意表达。多媒体化的发展方向带来了音乐作品的创新与全新体验。

2. 远程信息传输化

以新媒体手段实现的信息传输是推动音乐艺术及其商业化变革与发展的一个重要动力。现代音乐在互联网中的传播意味着音乐艺术可以不再以固定的物质手段，如磁带、CD等介质进行传输，只要用户拥有某些必要的电子设备，就可以在世界任何地方实时地获得他想欣赏的音乐作品。因此可以说，新媒体时代的网络化使音乐的传播彻底摆脱了物质载体的时空限制，音乐在整个网络当中存在，在所有人的身边存在。数字化网络的出现对传统音乐工业产生重大影响，例如随着MP3、APE甚至是媲美CD音质的FLAC等声音格式以网络传媒的形式出现，音乐可以直接保存和传播于网络之中，那么音乐的商业传媒公司可能只需以虚拟的形式存在于网络当中，而不必有庞大的音像制品工厂，音乐的商业化传播方式要发生巨大的变化。远程的信息化手段为新媒体技术的核心动力，实体商店的消失与新媒体各大音乐平台的崛起，正是基于这一技术的基础之上。

3．大众化

互联网的发展使得在世界任何角落的人们只要与网络相连就会得到最新的信息资讯，因此音乐艺术的全球化是一种必然的结果。同处在这个社会上，不同阶层、不同文化的人不论其富有程度如何，都可以享受到任何音乐作品。从音乐创作者的角度来说，专业的创作人员要受到诸如唱片公司或传播媒介的制约，他们发布自己的作品是有限制的，而与之相比来说，独立的音乐人则可以自由地在网络上发布自己的作品，从而在互联网上受到其他人的关注。实际上，这种直接面对听众的传播方式更多地去除了功利的内容，而纯粹走向了音乐自然的传播方式，音乐人和听众都把音乐的创作、传播和欣赏当作一种纯粹的艺术行为。在可能的情况下，兴趣相同的人可以在虚拟社区中建立自己的意识形态共同体。新媒体大众化的特点激发了更多有音乐才华的人去创作音乐作品，并在自媒体的平台上自由传播。

4．多元化

数字化不但给人提供了非常快捷有效地获取信息的手段，而且更给每一个人提供了最大可能地展示自己才能的机会。在这个虚拟的数字社会当中，提供表象化刺激的技术手段逐渐变得很完备。对于音乐艺术产业来说，数字化与网络化给予音乐更多的艺术形态，音乐从制作到传播也就更加多元化，这样一来用户的审美也就变得多元化。不但音乐艺术本身，而且创作音乐的人都努力创作具有个性的作品，直接或者间接地与他人分享成果，每一个人只有充分强调自己个性的时候，才有可能抓住别人的“注意力”，得到别人的认可。音乐人在某一时刻受到某种潮流的影响，他们可以充分发挥自己的个性来创造这个时代的音乐，而个体的个性化也就构成了整个音乐创作的多元性。

5．快餐与表层化

互联网与新技术的发展，加快了信息的多元化与媒介的更新换代，快餐时代已经到来。作为大众文化的一部分，音乐产业在市场化的过程中必然会迎合市场、迎合消费者，产业化的音乐制作者就可能把复杂的、高雅的音乐艺术通过更加通俗的、草根的形式表现出来，并且随着网络音乐逐步占领市场，音乐的快餐味越发明显。众多网络音乐在音乐市场只能红火一时，多数音乐不能成为流芳百世的经典。

同时，新媒体时代下多媒体音乐的出现对于传统纯音乐形式的另一种挑战，是视觉媒体的介入使对本身素质要求很高的纯音乐形式向更加平面化、表层化的方向发展，音乐当中的深层含义往往借助视觉效果直白地表达出来，诸如MV、网络flash等表达形式的出现使得音乐的表达更加多元化。在这种多媒体的欣赏方式当中，音乐欣赏者越来越不愿意或者没有时间来对音乐的深层次意义进行思考，音乐变得表层化。

（三）新媒体下的听象类文化艺术产业创新路径

1．融合

所谓融合，是指两种或者两种以上的物体融为一体。在全媒体时代，媒介手段的融合是较为流行和常规的做法，在这一趋势下，听觉类文艺作品的创新路径也充分体现在融合的进程中。听觉类文艺作品的融合体现在以下几个层次。

（1）技术与内容的融合

新媒体技术与音乐内容本身紧密融合，产生新型音乐形态，除传统意义上的流行音乐、美声音乐等分类外，由新媒体功能带来的互动音乐、数字音乐在现代音乐形态中也占有一席之地。数字音乐指的是随着互联网的发展，用数字格式存储的、可以通过网络来传输的音乐。无论被下载、复制播放多少遍，其品质都不会发生变化，抛弃了实物载体，有着传播速度快、音质不会损耗的特点。互动音乐可简称为互动电子音乐，即利用传统声学乐器、人声、视频影像、音响设备与计算机系统，表演者与计算机程序以交互方式完成的作品演绎。在新媒体音乐艺术领域中，互动音乐是电子音乐发展的一个分支，也是现代电子音乐的一种重要表现形式。

（2）听觉与视觉、触觉等多感官系统的融合

从器乐演奏、纯音乐到词曲演唱，音乐以节奏、音调、音色、力度、曲式

等元素的个性组合形成风格各一的音乐类型。随着新媒体技术的发展，音乐的听觉形态不断多元，新媒体不但成为现代音乐的基本元素之一，也与传统音乐元素结合产生质的变化。如波兰作曲家马来克·科罗涅维斯基的作品《北京隧道》，为双簧管多媒体数字影像音乐，是献给北京国际电子音乐节的一个特别节目。作品一开始是持续长音加上黑白色含糊的、变形了的动画图像，给听者无限遐想，仿佛进入了一个长长的隧道；此后的音乐加以变化，图像也由点到面再到动画，逐渐变成了有千年文化历史的古都——北京。长长的街道就是北京的隧道，一个通往世界的东方古都。之后作曲者就围绕着北京各个地方的街道，用自己的音乐语言来表现北京的文明古韵。作品的结尾是作曲家的即兴发挥，运用高科技音频技术对作曲者发出的声音进行变形处理，使音质产生根本的变化，给听者制造出一种悬念。这部作品最大的特点在于它的双重不同性，作曲者每次表演此作品时都是现场即兴发挥，因此每次的音频和视频相配合都会有所不同，而在座的听者都是一种主动发挥自己想象的状态，因此每个人的感受也不同，充分体现了融合带来的改变。

（3）不同音乐文化的融合

新媒体与CD播放机、电视等无线电子传播的区别之一是互联网的发展让世界成为一个“地球村”，打破时间与空间限制的局限性，使民族音乐走向世界，使音乐所传递的情感共享更趋向于全世界人们的情感与人性的共通点，从而实现音乐文化的大融合。在现代音乐作品中，不同类别音乐风格的融合、不同器乐演奏的音乐作品以及不同语言组成的音乐作品都成为一种创新得以传唱。网络的无国界化使得网民层次多维度化，文化的共融性和审美情趣的一致性都表现得更为明显。

2．互动

互动性是数字化的艺术作品，是在创作与接受之间、作者与观众之间、过程与结果之间所表现出的一种角色换位、沟通互动、共同参与、共同分享的艺术模式，是艺术同一性的极致体现。以网络艺术而言，互动性的数字平台使任何人无论身处何处，只要他进入数字网络系统，就可以参与到他所感兴趣的艺术创作，对作品进行补充、修改和再创造。即根据自己的理性认知、生活体验、个人爱好，对“开放式”的作品进行多次的再创作，不断注入新的题材内容、新的理性与情感元素。目前新媒体平台都具有互动化的特点，极大地改变了听觉欣赏的单调性和间接性，带来全方位体验的同时也有个性的互动和发挥。

（1）传者和受者的互动

音乐艺术的传播从面对面的人际传播到点到面的大众传播，进入新媒体时代的“去中心化，点到点的传播”，受众与传播者的关系由从上而下的阶梯方式向平等的信息交流化方式转变。音乐传播者在实现评论、上传、下载等功能下可以即时得到受众的反馈，从而倾向于意见的一致化，对下载量大、受众评价较好的音乐作品进行推荐、排行以及版面的设置更改，让尚未参与的受众更快捷地进行判断选择，达到双方传播信息沟通的意义空间。同时，音乐信息的传播者也可以通过大众的评判和反馈，在互动的过程中了解市场的动向与受众的消费喜好与习惯，及时调整存在的不足，解决发现的问题，进行自我调整与修正。

（2）受众与受众的互动

音乐信息受众之间的互动，是通过对音乐作品欣赏的一致性确定的，在多样的音乐类型中可以了解受众的喜好、习惯，通过互动过程中的交流建立联系的圈层，从而汇集更多有效的信息，也能满足受众信息交换、社交的需求。

3．审美

作为文化艺术产业的重要组成部分，受众的审美情趣是推动听象类产业结构转型、内容创新的原动力。互联网技术的出现，听象类文化艺术的受众结构产生变化：一方面受到社会环境和时代审美观的影响，听象类产业内容在不同阶段都体现出不同的特点；一方面受到网友对音乐产业的影响，形成独具网络特色的音乐风格和类型，因此受众的审美价值是决定内容创新程度和速度的催化剂，这一影响过程可以分为三大阶段。

（1）新媒体技术下的网民多层次化

从我国最新的互联网发展报告中可以看出，网民结构分布于10～70岁的年龄层次，覆盖城镇的主要行业，受教育程度普遍较高，男女比例基本均衡。从中不难发现，我国网民的层次丰富，对听象类艺术作品的要求也不尽相同，审美情趣的跨度较大。这就要求新媒体音乐资源库的内容能够满足不同层级人群的需求，在追求音乐品质的同时也要有足够的资源储备。

（2）审美情趣的多层级化

新媒体平台下汇集了不同成长环境的网民，草根阶级和精英阶级可以在同一渠道了解音乐信息，但在审美需求和价值观上会出现差异性，因此音乐作品的个性化、高品质化与标准化、大众化将同时存在，并在资源共享的基础上，进行定位的“窄播”。

（3）音乐创作的多类别化

依靠新媒体传播的内容在产业化的标准下生产创作，同时在原有的音乐类别基础上不断丰富、内化，将多媒体技术下的图像、文字、视频与音乐相融合，做出属于不同层次、不同审美判断的类别音乐。

三、新媒体背景下听象类文化艺术产业发展的基本规律

新媒体时代下听象类文化艺术产业的发展要遵循信息时代的产业规律，同时也要看到媒介功能的不断更新给音乐本身带来的产业升级和内容优化，只有寻找出产业本身的发展规律，才能促进产业的创新。

（一）转变传播理念，增强服务意识

传播渠道的新旧更替直接影响了音乐产业的传播模式与过程，从以音乐公司的内容生产为核心逐步向以传播渠道为中心的方式变化。互联网、移动终端的功能开发直接决定了音乐作品传播的效果和社会价值。一方面，我们在寻求合理的现代化听象类产业模式，激发产业链上游的产品制作。另一方面，以技术为核心，认识传播渠道对音乐传播的重要作用，积极开发多功能的渠道效用，发挥渠道优势，提升运营商的服务意识，从而促进音乐产业的发展。就目前而言，我国各大音乐传播平台积极推出核心技术，并在产品服务的基础上，加强对受众需求的开发和后期的产品服务，已经从信息传播运营商向服务商转变，竞争的核心是资源与服务。媒介与听觉艺术是载体与内容的关系，当内容可以共同呈现在资源库中时，公众关注的是“你可以提供什么样的服务，我可以获取何种体验”。音乐搜索引擎之所以成为网络在线音乐使用频度最高、运营收入最高的载体，正是其海量的资源库可以足够满足受众对歌曲种类的需要，而搜索功能的实现是需求

个性定位的前提，随之带来的快捷、准确和便利是用户体验的最佳感受。因此同样是音乐资源平台，搜索引擎成为最为重要的传播渠道。

服务的体现还更加明确地表现在移动运营商的竞争中，手机音乐、彩铃服务的推出，是近年来通信商的经济增长点，不但是受众欣赏需求的体现，也是内容创新的体现。而三家运营商在彩铃定制、个性推荐、歌曲库更新把握市场前端的流行度等方面的敏感性，透视着各大商家的服务意识。只有转变传播理念，才能深度了解和及时开发受众的需求，给予受众更人性化的服务。

（二）注重附加经济价值的挖掘与开发

随着听象类产业经济模式的不断创新，从传统的售卖音乐产品到依靠广告收入及软件开发等多渠道的运营方式，注重听象类产业的附加值经济效益已经是各大音乐商家的共识。目前的网络音乐商业运营模式以网站流量来吸引广告，同时开发以音乐为核心的游戏软件，并通过会员制度，提供额外的音乐服务，从而开拓多样化的经济收入渠道。如腾讯的QQ音乐在标准格式歌曲的免费下载试听基础上，依靠数量巨大的QQ用户群，开发如“节奏大师”等类型的音乐竞技类游戏软件，游戏以歌曲节奏为主题，玩家就如音乐的演奏者，只要完成每个环节的要求即可通关。因为游戏是和用户的QQ账户绑定，每一轮游戏的分数都会在好友圈中显示，并对所有玩游戏的好友玩家进行排名，受众可以一边欣赏最新的流行歌曲，一边与自己的QQ好友进行竞技比赛，既有娱乐性、趣味性，也满足了受众与朋友交流沟通联系的需求，因此大量的玩家参与其中。QQ音乐一方面以游戏为契机推荐歌曲，间接与歌曲的生产公司收取版权费，一方面又增加了歌曲的熟识度和受众与QQ音乐的联系度，进行软件的捆绑式使用。而受众和玩家的数量以及游戏下载的流量就是QQ音乐收入的坚实基础，通过会员注册，购买相关软件的收入，还可以吸引大量的广告商在游戏和QQ音乐中植入广告。多渠道地开发听觉类产业的收入渠道，提升其产品的附加值。

（三）资源整合，互动传播

从新媒体的特征可以看到，其载体的功能与技术是影响内容的重要因素之一，而在新媒体的众多特点中，其资源的整合性和与受众的互动性是其最能影响听象类文化艺术产品体验的两个方面。因此，我们要在资源的整合上进一步加大力度，只有足够丰富的资源才能满足各类受众在不同时期、不同心境时对于音乐的情感需求。但海量的资源也为渠道提供商带来了一定的困扰：如何进行资源的有效整合，提供个性化的服务。目前，各大网站都具有类别化的基础功能，将内容按照不同的维度进行分类，并根据受众的收听习惯进行记忆和关联性推荐，开发在线聊天、视频、评论等互动功能，将交友，沟通、娱乐、审美等多项效用集中于一体。互动传播是受众在与他人的联系中建立群体关系，寻求情感的统一性与共鸣性。随着新媒体的发展，草根阶级制作的音乐作品特别是对一些流行音乐的改编，虽然具有恶搞的成分，也过于娱乐化，但其互动的特性使更多人在音乐中体验趣味，给受众带来极大的新鲜感。

（四）探寻符合市场规律的商业模式

产业的发展必然涉及运营与商业模式，新媒体技术发展以来，音乐公司已经陷入了尴尬的状态，新的听象类商业运营模式的探索迫在眉睫。一方面，媒介渠道对音乐作品的影响力改变了受众对听象类产品的消费习惯，目前有97%的受众表示通过互联网和移动终端听音乐，实体销售渠道几乎走向衰亡。但是中国版权制度的不完善使得网络时代的音乐版权市场十分混乱，盗版猖獗；免费的音乐下载模式使得音乐公司只能收取少量的版权费，而且对于版权的分配制度也是因人而异；许多歌手依靠音乐创作都无法达到自给自足，经济收入低，作品创作的条件和热情也会受到影响，导致音乐产业上游的生产创作动力不足，难以出现经典之作。另一方面，在音乐产业的终端，失去版权收入这一主要经济来源，依靠广告收入和会员的会费制度，也无法实现音乐产业的商业价值。目前，在听象类产业链条中，收购与合并是其发展的主要趋势，最终形成几家独大的音乐垄断。当下应该尽快完善音乐的版权制度，摸索出一条适合新媒体时代消费习惯与市场规律的产业运营模式，达到音乐公司、音乐网站和消费者利益平衡的结构，完善艺术类产品的经济收入支出比例，在实现其艺术价值、贡献社会价值的同时也发挥积极的经济价值功效。

第二节　新媒体背景下视像类文化艺术产业的创新与发展

一、新媒体对促进视像类文化艺术产业发展的作用

（一）视像艺术的概念

1．视像的概念及历史源流

“眼睛是心灵的窗户”，在人类通过感官接收到的信息当中，通过视觉感知的信息占到了全部的70%以上，因此无论在何时何地，关于视觉感受的研究是人类感触类研究的重要部分。视觉传达存在于我们生活的方方面面，我们眼前呈现的一切事物都可以归纳为一种视像，它作为观看者与被观看者相互交流的一种纽带而客观存在着，并且在人类生活的方方面面发挥着感知的重要作用。自古有言“眼见为实，耳听为虚”，说的就是视像对于人们认识世界的重要性所在。

现今社会，随着科学技术的发展，新的数字图像技术以及信息网络技术等在人们的基本生活、交流领域中逐渐发挥了不可或缺的重要作用，人类在日常生活中日益产生了对图像信息的依赖性，视像艺术就是在这种新的社会背景下产生和发展起来的。“视像”，就其概念来说，至今还没有明确的定义，我们可以广义地认为凡是能用眼睛观看到的客观存在都属于视像的范围，它是居于我们观看者与观看对象之间的一种意识形态，是真实世界的“镜像反映”。支撑这一概念的有两个基本要素，一方面是指由人类创造并且体现了人类的视觉文化行为的物态化产品，如各种绘画图像、图腾符号、文字语言、摄影照片、电影电视、数学图纸、广告图案等；另一方面则指贯穿人类整个生活的“视觉精神”，即将人类生活在其间的世界整体作为视觉把握的对象。从后者意义上来说，视觉的历史要比文字的历史漫长很多。

无论在中国还是外国，从古至今都流传着许多关于眼睛以及视像的言论和认知，对于东西方有关眼睛思想的追根溯源有助于我们理解，为何视像艺术在新的时代背景下，对于人们的生活具有如此重大的影响力。

五官当中，眼睛的功能与其他器官显著区分开来，并与其他四官构成了感

觉的生理基础。早在《荀子·天论》中就首次出现了表示肉体性生理器官的“五官”一词。“耳目鼻口形能，各有接而不相能也，夫是之谓天官。心居中虚以治五官，夫是之谓天君。”唐代杨僚做注曰；“耳辨声，目辨色，鼻辨臭，口辨味，形辨寒热疾痒。其所能皆可以接物而不能互相为用。官，犹任也。言天之所付任有如此也。”也就是说，古人早在当时就已经认识到了五官相对独立，相互配合，共同为感知世界发挥各自的作用。《荀子·正名》中则更加详细地对五官的司职进行了描述：“形体、色、理以目异；声音清浊、调竽奇声以耳异；甘、苦、咸、淡、辛，酸、奇味以口异；香，臭、芬、郁、腥、臊、洒、酸、奇臭以鼻异；疾、养、沧、热、滑、铍、轻、重以形体异；说、故、喜、怒、哀、乐、爱、恶、欲以心异。心有征知。征知则缘耳而知声可也，缘目而知形可也。”可以看出，古人对于不同的器官对应不同的感知功能已经区分清楚。

中国古代思想中，五官五感的属性被赋予人性之使然的意义，《荀子·荣辱》中提及：“凡人有所一同：饥而欲食，寒而欲暖，劳而欲息，好利而恶害，是人之所生而有也，是无待而然者也，是禹、桀之所同也。目辨白黑美恶，耳辨音声清浊，口辨酸咸甘苦，鼻辨芬芳腥臊，骨体肤理辨寒暑疾养，是又人之所常生而有也，是无待而然者也，是禹、桀之所同也。”即是指，五官之所欲正如人之趋利避害的天性一般，是没有族群之分的。

这其中，眼睛的作用尤其重要。在早期中国人的意识里，视觉活动是维护人类本性、认识自然世界和精神世界的基本方式。古代关于“视”和“像”的描述尤其多，如关于《周易》之起源的描述，就大量体现了人类对于视像活动同文化互动之间的关系。《易传》中有言：“圣人设卦观象，系辞焉而明吉凶，刚柔相推而生变化。……是故君子居则观其象而玩其辞，动则观其变而玩其占，是以自天赜之，吉无不利。”“易与天地准，故能弥纶天地之道。仰以观于天文，俯以察于地理。是故知幽明之故。”“是故夫象，圣人有以见天下之赜，而拟诸其形容，象其物宜，是故谓之象。圣人有以见天下之动，而观其会通，以行其典礼，系辞焉！以断其吉凶，是故谓之爻。”“极天下之赜者，存乎卦；鼓天下之动者，存乎辞；化而裁之，存乎变；推而行之，存乎通；神而明之，存乎其人；默而成之，不言而信，存乎德行。”“古者包牺氏之王天下也，仰则观法于天，俯则观法于地，观鸟兽之文与地之宜，近取诸身，远取诸物，于是始作八卦，以通神明之德，以类万物之情。”由此可以看出，早在当时古人就以“观”者作为制作易经八卦的基本方法，通过“观”来理解世间万物的变化及规律，并由此推断祸福吉凶。“观”即“视”，从这个层面，我们也可以理解为中国古代圣人认为“观”即“视”，是一种人类的本能，人们能通过“视”来直通天地，追求真理。

同时，“象”也具有类似的教化功能。在老庄哲学中，本体的道通常是借助“象”来表现的，正所谓“道之为物，惟恍惟惚。惚兮恍兮，其中有象；恍兮惚兮，其中有物。窈兮冥兮，其中有精，其精甚真，其中有信”。又如刘勰的《文心雕龙·原道》中说：“人文之元，肇自太极，幽赞神明，《易》象惟先。”这里提到“象”的含义起源于《周易》当中的理解，即圣人“观象制器”的观念，有“是故夫象，圣人有以见天下之赜，而拟诸其形容，象其物宜，是故谓之象”。古之圣人认为“易象”源于“观”自然之象而洞察世界的本真，从本质来看，现象与本体具有内在的一致性。所谓“易者，象也；象也者，像也”，虽然“象”与“像”在古代很多时候是通用的，但实际上前者多为抽象的含义，代表仰观天象、俯察地理的自然之象；而后者则多表示一种人工产物，是为描述天地自然而所做的图像。但二者又相互融合，互为依据，圣人所制之象，不仅可以推断吉凶，同时也为人类自身建立起了直观的行动法则，“天垂像，见吉凶，圣人像之；河出图，洛出书，圣人则之”。由此观之，中国古代将“视像”作为通达天地奥义的途径，同时也借由包含特殊含义的“视像”教化民众，这种“观物取象，立象取意”的本体论思维方式贯穿于整个中华文化传统中。

从西方文化史来看，对于视觉活动的关注也是自古有之。首先，同中国一样，西方文化中人的感觉官能也主要指的是视、听、触、嗅、味。美国学者考斯梅尔的研究证明：“自古典时代以来，对人类知觉的研究就是以五种外部感官为对象，我们的心灵正是通过它们来获得有关外部世界的信息的。这五种感官是：视听触嗅味觉。”古希腊以来的西方文明中，对于“视”“光”“型”“数”等概念非常崇尚，这些词语在词源学上所具有的伦理性内涵为今天许多研究西方文化，特别是古希腊文化起源的学者所重视。而西方古代哲学家们对于“视像”及其对人类感知、把握世界的基础性作用从一开始就有很深的思辨。赫拉克利特认为：“凡是能够看到、听到、学到的东西，都是我喜爱的。”同时又说：“如果一切都变成了烟，鼻子就会把它们分辨出来。灵魂在地府里嗅着。眼睛是比耳朵可靠的见证。眼睛和耳朵对于人们是坏的见证，如果他们有着粗鄙的灵魂的话。”从赫拉克利特的言语中我们可以看出，他首先对人类的五感进行了区分，认为不同的感官具有不同的功能；同时也认识到不同的感官具有不同的层次：眼睛的视觉能力、耳朵的听觉能力与人类的学习能力直接相关。视觉相比其他官能来说，更具有学习和认知的能力。并且，无论视觉还是听觉，都是受制于灵魂的，而灵魂的纯净程度与感官的功能优劣直接相关。

贺拉斯也曾说过：“通过耳朵灌注到我们心脑中的那些故事对我们思想的激动，比起亲眼目击令观者不得不心服的事件，显得不那么栩栩如生。”他从人们认知的结果是否形象生动的角度认定了眼睛的感知功能比耳朵更胜一筹，因为眼睛与事件的接触是第一手的，是直接经验，相比于耳朵通过中介得到的传达更具有一种无可替代的现场感。斯宾格勒在探讨西方人对于人类感觉的认知时指出，在西方古代语言体系中，人们对于五种感知官能进行了明显的等级区分。如听觉分为听、倾听、谛听；嗅觉分为嗅、嗅出、力嗅；视觉分为看、察、观察。在这种体系当中，随着等级的提升，感觉的境界越来越理性化。视觉作为从所有感官当中发展出来的最高级状态，被认为是不仅仅指肉眼的感知，也不局限于现实世界的抽象。在斯宾格勒的眼中，原始的“视像”具有重大的生存论意义，是人们与现实世界毫无保留地直接接触的媒介。在这个意义上，海德格尔也指出，视像是哲学的基础，是用来通达世界的途径。眼睛的这种认知能力得益于何处呢？古代西方哲学家们对眼睛优于其他感官的知觉能力进行了探讨，认为其功能产生于肉体却能最大限度地脱离肉欲对感知能力的影响，原因在于眼睛生理性质的特殊性。现实世界中既存在着肉眼能看见的东西，也存在着肉眼看不见的东西。对于这些肉眼看不见的东西是如何被感知的，柏拉图给出了自己的解释，认为眼睛可区分为肉体之眼和心灵之眼。肉体之眼负责观看外在事物的形式，心灵之眼帮助洞察事物的内在精神。经过包括亚里士多德、柏拉图、奥古斯丁等哲学大家们的讨论，眼睛作为五官中最适合理性认知的器官为后世所普遍接受。

2. 构成视像的要素

“视像”一词，既可以从动态角度理解，也可以从静态角度来理解。如果单从静态角度来理解，其仅仅指人们观看和认识的对象，而从动态角度来理解，则“视像”可以由以下三个具体的要素构成。

首先，是观看者。视像的产生在于一种主体主动或者被动的意识活动即观看活动，而这种活动的实施者无疑是“视像”产生的前提条件。观看者带着观看的目的和需求，通过眼睛这种生理器官，对外在世界进行既感性而又理性的认识，因此，我们可以说，观看者形成了“视像”的出发点。同时从观看者自身来看，“视像”的产生又是带着本体的目的和需求的。观看的目的在于以下几个方面：观看可以建立起本体与他者之间的联系，可以帮助本体认识环境，理解外部世界并且确定本体的活动范围。而观看者往往期待通过“视像”的观看得到对外部世界的尝试和探索，建立起本体的认同和排斥价值观体系。因此，我们可以看出，对于“视像”观看的目的和需求是有内在联系的。

其次，是观看对象。从广义上来说，整个外部世界都可以成为观看的对象，但实际上，并非所有的客观世界都能被我们所观看到并形成“视像”。这里的“不能被观看”并不是指因为物理条件的不满足而不能被观察的微观或者宏观世界，如肉眼不能看到、只能在显微镜下被发现的微观生物世界，而是如英国著名艺术史家贡布里希“所知与所见”之论断所说的那样，人们总是只能看到他们愿意看到和知道的对象，这也就是所谓的眼睛只能观看到符合我们视域的日常世界。

最后，是观看结果。观看结果就是观看对象所呈现和反映出来的方式，它可以是留在视网膜上的图像，可以是综合了观看经验而形成的表象，也可以是通过某种方式而物质化了的存在。存留在视网膜上的图像是短暂的，除非它获得更长久的支持，即除非它能转化为更为恒久存在的表象，否则这种短暂的视知觉是不能转化为表象的。这也是我们经常需要考虑的一个问题：视知觉的恒久性是观看结果得以转化为表象的依据，我们的眼睛如何使观看结果变成一个认识的框架呢？常见的理论有三种：格式塔心理学、吉布森的视知觉研究以及贡布里希的“所知与所见”的错觉理论。

无论何种理论，对于“视像”形成的根本特征都具有一致性的理解。普遍认为的特征有三个方面的内容：

第一，就形成“视像”的观看行为本身来说，它是主体自主选择的结果。虽然外部世界的各种印象会被动充斥于观看者的感官，但观看行为本身并不是被动地全盘接受。正如贡布里希“所知与所见”理论所描述的那样，主体的观看行为能够避开观看对象表象的干扰，从纷繁复杂的信息中去读取自我需要的那一部分。“外物对视觉的刺激形成一些跳动的光点，它们刺激视网膜的神经形成可以被大脑识别的信息。这些动荡的、一掠而过的光点构成光的模式，它的波长和强度随着注视的角度、光线的强弱、瞳孔的大小而不断发生变化，几乎不可能精确无误地重复出现。可是知觉却能够忽略这种种令人眼花缭乱的变异，始终给我们呈现一个清晰、稳定的视觉图像。”正如古代西方哲学家们所普遍认为的那样，人类的观看行为还受制于“灵魂”，即自身的知识和信念的影响。客观表象并非种种都能进入人们的意识领域并被理解和转化为“视像”，而是知识的范围有多广，人类的视野就有多开阔。

第二，“视像”的观看包含了观看的主体、对象等一系列因素，同时这些要素始终处于互动关系之中。通过观看主体的自主选择，让其需求的观看对象进入观看者的视野范围，从观看结果上来说，就是将主体能看见的事物与主体自身相互关联起来了。也就是说，“视像”的形成从来不是眼睛单纯锁定一个事物的结果，而是从主体和客体的关系出发，在以事物为中心的范围里去捕捉事物，将呈现在主体面前的事物按照需求建构成与主体相关的事物。正如弗雷德里克·詹姆逊所说的“观看的可逆性”：“‘观看’是设置我与其他人的直接关系的方式，……‘他者’观看我并作为超越我自身存在的一个外力而证实他的存在。然而，‘观看’同时是可逆的；通过交换，我能将‘他者’置于同一位置。”主体通过观看客观对象，证明了自身的存在，同时也将对象转化为主体的“视像”，在主体和客体之间建立起一种均衡、协调而平等的联系。

第三，从人与世界的交互关系上来说，“视像”的产生先于语言的产生。中西方的学者都认为，“视像”的产生受到个人知识和信仰的制约，并且需要知识和信仰的帮助才能形成具有恒久性质的观看结果。最早的人类大约起源于400万年以前，而据考古学家的论证，语言的产生只可大致追溯到距今70万年以前，文字的产生更是不会超过1万年的岁月。视觉是一种与生俱来的生理本能，于是我们可以确定人类早在拥有语言文字能力之前就已经具备了观看的能力，且从一开始与外部世界的联系就是依靠观看的能力构建起来的。“视像”的产生先于语言文字的产生，而“视像”的内容从来都不能被语言文字所淋漓尽致地概括。更令人扼腕的是，人类实际上长期生活在“视盲”的空间中，在很多时候对我们生活的世界“视而不见”，这也就客观上延缓了研究“视像”的重要工作。

（二）新媒体与视像艺术的结合

1．新媒体视像艺术

自20世纪末开始，随着计算机技术和互联网络的迅速发展，人类经历了历史上第三次技术革命，从工业社会进入了数字化信息社会。数字化的产品为人类的日常生活所需求，同时也引起了数字化信息技术在人类生活各个方面的多重应用，在视像艺术上的应用尤其显著。

我们这里所讨论的“新媒体视像艺术”，简单来说就是新媒体技术与视像艺术相结合，具体来说有两个层次的意义：一方面指的是互联网普及之前，数字技术作为设计过程中的辅助工作对视像艺术产生的各种影响；另一方面指互联网普及之后，图形、绘画、视觉设计等视像艺术内容以新媒体的数字、网络技术为载体，得到创作上的创新、传播上的推广、传达方式上的发展，形成一种新兴的视像艺术形式。

在实践中，关于“新媒体艺术”概念的理解有一个误区，即大多数人倾向于简单依靠作品的载体和传播手段来判断是否属于新媒体艺术的范畴，这是不科学的。因为从上述两层含义来分析，我们已经可以看出，并不是仅仅利用数字技术作为载体就可以称其为新媒体艺术。比如我们利用扫描仪将传统绘画作品扫描到电脑中，再通过网络传播，使得更多人看到这幅作品的行为，并不是我们这里所讨论的“新媒体艺术”。真正的“新媒体艺术”，是经过反复推敲，利用新兴的技术手段，将个人新颖的创意和构思融入作品之中，再依托数字技术和网络技术的载体功能加以传播的艺术形式。

2．新媒体视像艺术的发展源流

早在20世纪60年代，欧洲的前卫艺术家们便开始使用便携式摄影录像设备从事视像艺术的创作，新媒体视像艺术也由此开端。20世纪70年代开始，欧美许多大众电视台纷纷创建实验性的电视节目，尝试将这种新技术与传统视像艺术相结合的新兴艺术形式在大众范围内进行推广。这些举动刺激了新技术的创造和运用，如1973年录像艺术家白南准与工程师阿比合作开发出同步混像器，成为今天电视编辑的基本器材之一。又如20世纪70年代末期，美国的福特基金会、洛克菲勒基金会等尝试直接资助艺术家，赞助非营利性的媒体艺术中心。这些机构相比电视台来说，提供了更加民主的方式，使得大众可以更方便地接触新的数字化技术。但这一时期的新媒体视像艺术较少在电视和网络环境下播出，而是更多地在博物馆和画廊展出。

自20世纪80年代开始，新技术在与传统视像艺术相结合的方面表现出更大的活力：录像艺术在各种国际艺术大展上，与架上艺术、装置艺术并驾齐驱，以传统媒体无法抗衡的敏感性、综合习惯、互动性和强烈的现场感俘虏了受众的心。而从20世纪90年代开始，世界各大艺术馆更是纷纷举办专门的录像节，推动新媒体艺术的传播和交流。近年来，随着个人电脑的日趋成熟和普及，许多新媒体视像艺术作品以光碟为载体传播，而互联网作品也逐渐蓬勃发展。

在中国，新媒体视像艺术的发展路程略显曲折。虽然早在20世纪80年代末，新媒体视像艺术就已经进入了中国，但中国大众并未真正接受这种新兴的艺术形式，就连一些艺术家也没有对此完全理解和认同。直到20世纪90年代中期，该领域一些成熟的艺术家开始陆续出现，他们贡献了一批比较优秀的作品，为业内人士所推崇。1996年9月，在杭州中国美术学院画廊举办的名为“现象与影像”的录像艺术展，是中国第一次录像艺术展，中国的新兴艺术家们带着总共十几件录像装置和录像带作品前来参加。这次展览是中国新媒体视像艺术开拓者们的一次聚会，具有里程碑的性质，在国内外的视像艺术界都有着较大反响，《文艺报》甚至将这一事件评价为当年中国美术十大新闻之一。1997年，以北京为据点涌现出数个纯粹的录像艺术的个人展览，这标志着中国的新媒体视像艺术开始从一种边缘的小众群落爆发出个体的力量。“97中国录像艺术观摩展”是这些新媒体艺术家们的作品得到集中呈现的一次盛会，至此，中国的录像艺术已经成为中国美术界的热点。而在国内日益蓬勃的中国新媒体视像艺术也逐渐扩展到了国际的舞台上，中国的新兴艺术家们及他们的作品频繁现身国际重要媒体艺术节，使得国内外的艺术思想和成果得到了交流和学习。

到了21世纪，随着互联网、IT技术的深入发展，新媒体视像艺术又迎来了进一步的繁荣。随着个人电脑上较为廉价的编辑软件设备得到普及、传播途径更加便利而广阔，越来越多的艺术家加入了这种新兴的艺术形式当中，开始尝试自己动手探索并与多媒体视像艺术进行互动。

3．新媒体视像艺术的特征

相对于传统视像艺术形态来说，新媒体视像艺术有着其特立独行的一面，其特点主要表现在以下几个方面。

（1）视觉效果的逼真性

视像艺术是真实生活的艺术写照，是经由人类的生理器官——眼睛的感性认知，通过智力的加工，再以各种媒介的形式表现和反映出来的。视像艺术，从一出生就注定以逼真性为其首要的特征，也以追求逼真性为首要的目标。这里所谓的逼真性有两个方面的含义：硬逼真和软逼真。硬逼真指的是视像作品与视像对象在外部形象上的精确一致，而软逼真指的是视像艺术的反映形式对视像对象内在精神的把握和重现。硬逼真是我们对真实世界的第一印象，其完美度直接反映了人类认识世界的水平；软逼真则是视像作品价值的体现，其再现的方式为人们更深层次理解视像对象创造条件。

新媒体视像艺术借助摄影、录像、计算机、数字网络技术等，首先在硬逼真的程度上达到了前所未有的完美度，从而也使新媒体视像艺术表现出以往任何视像传达手段都无法企及的传播能力。现代摄影、录像技术可以完美重现视觉对象的种种细节，而计算机技术的应用还可以创作出源于现实又超越现实的幻想视像效果。

同时，人们利用灯光、录像装置、计算机技术的特殊效果，营造出了受众对于视像艺术的多维欣赏，视像艺术不再如传统绘画、雕刻、印刷品等仅单纯从视觉阅读方面得到作品的价值信息，而是与听觉、触觉、味觉等多重官能相结合，达到一种多维度全方位的欣赏感受。

（2）交互性与即时性

传统视像艺术多是“点到面”的单向线性传播，作品与受众之间的互动具有滞后性。新媒体视像艺术相较于传统视像艺术形态来讲，在欣赏过程中重视一种互动性，它的欣赏者同时也可能是作品本身的一部分，使得受众有种身临其境的感觉。现今最典型的互动视像艺术形态就是网络游戏，它继承了传统影视利用声音和画面相结合的叙事方法，同时又对其中的人物角色、故事情节、行为任务、环境背景等进行了创新性的改造，使受众即玩家拥有丰富的选择机会，亲自经历开放的故事情节，并参与创作和实践。这种能够在与虚拟对象互动的过程中，受众由被动接受变为主动参与并同时体验到文化创造愉悦的视像艺术形式一出现就受到大众的青睐。

1992年至1996年，中国网络游戏逐渐开始盛行。2003年，网络游戏正式列入国家863计划，政府投入可观的研发资金进行发展，国内知名的网游企业如金山、盛大、网易等都致力于发展绿色网游，打造本土游戏品牌。截至2013年6月底，中国网络游戏用户规模达到3.45亿，2013年1—6月，中国游戏市场（包括网络游戏市场、移动网络游戏市场、单机游戏市场等）实际销售收入达到338.9亿元人民币。由此观之，以网络游戏为代表的新媒体视像艺术在中国已经占据了非常重要的地位，充分证明了新媒体视像艺术的交互性特征成功俘虏了广大受众的心。

另一方面，新媒体视像艺术的传播途径较之传统媒体具有周期性来讲，多数情况下是一种即时性传播。因为新媒体视像艺术多利用网络媒介作为传播载体，受众可以利用各种终端设备进行即时性的甚至是“面对面”的实时交流。由于即时性特征的显著表达，甚至有人极端地将这种属性作为判断一种艺术形态是不是新媒体艺术形态的首要标准。

（3）新媒体视觉传达的个性化和共享性

由于新媒体技术的普及，视觉艺术的创作和传达变得更加便利，并且可以通过多种多样的形式来表达个人最深刻的意志和话语意图。出于人性的本能，人们总是希望在群体意志中发出自我的声音，于是数字网络成为视觉传达最得力的战场。

一方面，互联网环境的虚拟化、民主化以及非物质化特征给予现代人极大的创作热情，人们运用新兴的数字技术对视觉艺术素材进行创意加工，创作出了五光十色的视觉体验和视觉冲击。全国各大视频网站如优酷、土豆等都有专门的“原创”频道，其中展示的作品就是人们利用各种新媒体技术对视觉对象进行的创意再现。另一方面，网络数字影像的公共性使得人们可以通过多重客户端对资源进行下载，实现对素材的即时复制、仿拟、涂抹、戏谑、删改、解构与重新阐释，充分凸显了新媒体视像艺术的共享性，而这种充分的相互交流也极大地促进了个人主观意志的抒发。从此意义上，我们也可以理解为是新媒体视像艺术互动性特征的充分体现。

（4）数字视像的多维感官体验

新媒体与视像艺术的结合最重要的作用就是使视像艺术变得更加鲜活。我们现今被各种新媒体视像艺术震撼，主要原因就在于这些视像作品给予我们全方位的视觉冲击。从电影的出现开始，新媒体视像艺术的形式经历了电影、电视、光盘、网络艺术等一系列形态丰富的媒体，不管是哪一种媒体形态，都不是单纯的传统二维平面传播，而是融合了文字、图像、视频和声音的“多媒体”。这种结合将传统的、分离的各种信息传播形式有机融合在一起，进行整合、处理、传输和显示，使得视像艺术表现和传达的形式和范围得到了显著扩展。

如在2006年的“欧莱雅时尚周”中，宝马为了推广旗下的mini cooper车系，设计了一整场的车展表演，其生动的视像形态吸引了众多观众的注意力。场内的mini车借由投影和身后的幕布与展台融为一体，音乐声响起，幕布和车身两侧使用投影仪投射出文字，而在引擎盖上也投射出许多虚拟的人物图像和时尚图形。这些虚拟的数字视觉产品在感应到观众的触摸时还能不断变换形状，这是通过触屏和红外感应等技术实现的，而这种优秀的交互式设计也使得观众能在视觉为主的感官享受下，从听觉、触觉甚至是嗅觉等方面，以互动的方式来获取信息，具有强烈的代入感。

现今一些新媒体艺术家也将数字视像的多维感官体验应用到单幅的作品当中，如杰弗里·肖的《可读的城市》便是此中的典型代表。艺术家利用虚拟现实技术，让观众在屏幕前通过骑自行车掌握速度和转弯，把数据传输到传感器上。与此同时，周围的电子屏幕不断播放变化的三维文字，作为一种类似建筑的形象被安置在各个城市的地图之中。观众的实际感官如同在文字组成的建筑中穿行，不仅领略了城市的地图，还通过可读的三维文字来了解城市的相关信息，给了受众与众不同、耳目一新的感觉。

二、新媒体与视像类文化艺术产业创新的关系

（一）新媒体为视像艺术产业创新提供工具

1. 由传统画笔到3D画笔

在我们的印象里，只要提及绘画，我们最先想到的是用画笔和颜料来进行绘画的创作。毛笔、排笔，水彩、水粉等这些传统的绘画工具，在我们小时候的美术课上就经常使用，我们对此习以为常。在新媒体发展的时代，传统的绘画工具在计算机上发生了新的变革，不同的画笔符号将传统绘画的画笔功能发挥得淋漓尽致。可以这么说，新媒体时代，新媒体技术对绘画艺术的创新首先就是绘画工具的创新。

人们发明了3D画笔，虽然绘画工具依然是画笔，可是这些画笔显然加入了高科技的含量。我们身处3D时代，绘画工具也随着进行了改进，存在了数十年的笔和纸一直停留在2D时代，Posca 3D彩笔的出现改变了这一现状。这套只有八种颜色的彩色笔采用了独特配方的颜料，透过专用的3D眼镜，颜色会在纸上出现笔触深浅的变化，文字和图案因此变得立体。

但是，绘画的巨大改变还是来自科技的参与。相比传统的绘画工具，科技含量高的计算机绘图软件更加便捷和精准地帮助绘画作者实现想要呈现的内容。我们理解的传统工具仅仅局限于不同种类的画笔和彩色颜料，通过双手和大脑的结合劳动进行加工创作，大多数情况下，我们是靠目测和经验调节它的精确程度的；很少情况下我们会使用专业的测量工具和模板进行精确的数字化。随着计算机出现的许多绘图工具帮助绘图作者完成了这项专业的任务，“精准”已不再是专家或者大师的专利，任何一位使用计算机绘图软件的作者都可以输入数字得到自己想要的精确绘图形状。

同时计算机图形绘画软件又可以对图像进行任意的拉长、压扁、放大、缩小、旋转、扭曲等多种处理，只要绘画作者进行过基本的培训，就能通过这些绘图软件绘制出双手很难勾勒的理想图像。而在颜色的处理和渲染上更是方便高效快捷，同时多出了很多的选择。只要是你想要的颜色，在染色板上都可以找到，与传统的绘画相比，更是省去了手工颜料调色带来的众多麻烦。一些特技的快捷应用更是为作品锦上添花。比如一幅简单的素描绘画作品，在传统的绘画时代，

光线的明暗交替很难把握，而且素描的每一个线条的粗细间距也是比较难把握的，需要靠多年扎实的基本功累积才可以完成一幅优质的素描绘画作品；可是在计算机绘图软件的帮助下，一般人想要完成一幅复杂的素描作品也是可行的，只要熟练地使用绘图工具，适当地运用特技效果，加上简单的美术基本常识就可以独自完成，而且修改也是相当便利，可以根据自己的不断想象和变化进行不同的尝试。

2．计算机图像技术

（1）二维软件技术

二维图形编辑器或者说绘图程序是应用程序级的软件，用于图像、流程图、插图等的创建，它采用二维图形体素的直接操纵实现（通过鼠标、绘图板，或者类似的设备）。这些编辑器一般提供二维几何体素以及数字图像，有些甚至支持过程化模型。插图通常内部表示为分层模型，经常会有一个等级结构以方便编辑。这些编辑器通常输出图形文件，其中层和体素分别以其原始形式保存。MacDraw是于1984年在麦金塔系列计算机上创建的，它是这类程序一个早期的例子；现代的例子有商用产品Adobe Illustrator和CorelDraw，以及免费编辑器xfig。也有很多二维图形编辑器专用于特定的制图，例如电气、电子和大规模集成电路线路图、地形图、计算机字体等。

①绘画工具——Adobe Photoshop

Adobe Photoshop是Adobe公司旗下最为出名的图像处理软件之一，也是现在大家最为熟悉的一款可以经常用于绘画和修改图片的软件，它强大的功能和相对简单的操作一直是许多绘图爱好者和平面设计人员的首选软件之一。

Adobe Photoshop从1988年10月面世以来，一直不断地进行着更新，依托于计算机的迅速发展，这款软件的实用性也一直在不断地增强，它被广泛地应用于各个和绘画制作有关的领域之中，如平面海报广告的设计、图标的制作、绘图插画的制作、原有图片的修复、视觉创意的开拓、网页的制作等，极大地方便了与绘画相关的从业人员的创作。我们所熟知的许多大片的海报就是专业绘图人员熟练运用Photoshop制作出来的，例如，《变形金刚3》的海报制作过程被编辑成将近12分钟的视频在网上流传，在原有的一幅图片上，运用Photoshop软件，将许多需要的、虚拟的、绘画完成的人物或者景致镶嵌进去，不露痕迹。相比较于传统的绘画制作，不仅仅方便快捷，而且做好的宣传海报虚实相交，效果更加逼真，这也是新媒体对绘画工具创新的最好证明之一。

②绘画工具——Painter

Painter是一款专业的绘画软件，它拥有全面和逼真的仿自然画笔，一直是专业从业人员的首选。在国内，它的知名度不如Photoshop软件，并不是因为它不够好用，相反的是因为它的操作适合有美术功底的从业人员所使用。Painter来自Fractal Design公司，在它刚面世的时候，便为业界所推崇，被大家公认为最具创造性的绘图软件。它与一般图形处理软件相比有着显著的不同，它完全模拟了现实中作画的自然绘图工具和纸张的效果，并提供了电脑作画的特有工具，为艺术家的创作提供了极大的自由空间，使得在电脑上作画就如同在纸上一样简单明了。无论是水墨画、油画、水彩画，还是铅笔画、蜡笔画都能轻易绘出。

③绘画工具——Sketchpad

有一个具有里程碑式的计算机程序——Sketchpad（画板），因为它的出现，不仅改变了作画的工具，更出现了绘图中新的交互方式。Sketchpad有着革命性的含义，它改变了人们与电脑交互的方式，被看作是现代电脑辅助图形设计程序的祖先，并通常被认为是计算机图形发展历史上的重大突破之一。Sketchpad的工作原理简单说来是这样的：光笔在计算机屏幕表面上移动时，通过一个光栅系统（gridsystem）测量笔在水平和垂直两个方向上的运动，从而在屏幕上重建由光笔移动所生成的线条。一旦出现在屏幕上，线条就可以被任意处理和操纵，包括拉长、缩短、旋转任一角度等，还可以互相连接起来表示任何物体，物体也可以旋转任意角度以显示其任意方位的形态。

Sketchpad中的许多创意是革命性的，它的影响一直延续到今天。这为许多后来注入科技含量的绘画艺术作品奠定了基础。

④绘画工具——输入输出毛笔

对于绘画作者们来说，许多全新的绘图工具带给他们与传统作画工具完全不一样的感受，更加直观更加方便。日本艺术家发明的“输入输出毛笔”荣获2005年度美国社会工业设计（IDSA）金奖。这个作品将世界看作是一个调色板，输入输出毛笔是一个全新的绘图工具，能通过拾取一些颜色、纹理和运动来进行绘画。输入输出毛笔看起来像是一个普通的刷子，但其实它的内部装置着一个感光的微型照相机和一个触摸感应器。在画布之外，这个毛笔可以拾取颜色、纹理以及在刷子前面所掠过的动态。之后，作者就可以在画布上用这种刚拾取的特殊的“颜料”进行绘画了。

这个作品显然更适合孩子们使用。在现今市场上有很多专门为孩子设计的绘图工具，这些工具确实能让孩子们画得干干净净，然而在一定程度上只能选取软件里预设的数字调色板来进行绘画；而输入输出毛笔的妙处在于它可以任由孩子选择自己想要的“颜料”。孩子可以从自己身边和生活里选取任意想要的纹理和颜色、运动来绘制属于自己独特的作品，而这些作品也许才能更好地表现孩子们的想法和创作意图。输入输出毛笔的使用使孩子们看到了更加有吸引力的绘画工具，使他们不仅只是对绘画艺术作品进行探索，也是对创作艺术品的工具的进一步探索。在这里代替画布的是一个大尺度的背投影的触摸屏，这种对绘画工具的巨大改变也改变着传统的绘画手法。

（2）三维软件技术

从一个仅仅在画布及画纸上表示的造型语言，到现在以3D软件为例的真实性画面，这是绘画造型语言在数字媒体艺术中的一个巨大突破。3D的迅速发展应该是新媒体技术不断推动绘画艺术发展的成果之一，也让传统的绘画表现形式发生了改变。这种绘画的展现形式所带来的视觉冲击力更加强烈，3D绘画需要借助于计算机的运用和复杂的计算，通过计算确定视错觉位置，然后再进行绘画。在网络上我们可以看到许多传统绘画结合计算机辅助画出来的3D效果图，这些图案逼真到让人会产生错觉。传统意义上我们将3D划分为3D地画、3D壁画、3D墙地画、光学3D画。近几年流行的3D街头地画吸引了很多人，也引起了很大的轰动，这些绘画直接选择地面作为载体，利用平面透视的原理，将画作展示于地上以求得立体的艺术效果，制造出视觉上的虚拟立体效果，让看到画作的人有一种身临其境的感觉，一些优秀的艺术作品甚至达到了以假乱真的艺术效果。例如丹麦艺术家Julian Beever的画作，许多人看到后难辨真假。

3D动画是在以3D绘画为基础上的新发展，新媒体技术的融入，使动画的画面呈现逼真的立体效果。在这次技术飞跃之中，光线跟踪（ray tracing）的运用使平面的效果顺利地转化成立体逼真的3D效果。光线跟踪又称为光迹追踪或光线追迹，是一个在二维（2D）屏幕上呈现三维（3D）图像的方法。光线追踪跟踪的是从眼睛发出的光线而不是光源发出的光线，通过这样一项技术，就可以生成被编排好的场景的数学模型。在光线跟踪中，每一个光线的路径由多重直线组成，几乎总是包含从原点到场景的反射、折射和阴影效应。在动画中，每一束光线的直线部分的位置和方向总是在不断变化，因此每一条光线都要用一个数学方程式来表示，定义光线的空间路径为时间的函数。根据光线在到达屏幕前经过的场景中目标的色素或颜色来分配给每一束光线一种颜色，所以这些复杂的计算和光线追踪由计算机配合完成，使用光线追踪技术的运算量异常庞大，所以计算机的加入会帮助动画3D效果相对容易地实现。

3. 新媒体为视像的传播开拓渠道

（1）新媒体技术下的视像新创造——沙画艺术

近几年沙画艺术走入大家的视野，受到了大家的关注。其实沙画也是在进入21世纪后，在新媒体技术的发展推动下兴起的一种绘画与舞台艺术相结合的绘画表演形式。这种绘画艺术的表现形式不仅改变了绘画的材料，更是将绘画与声像结合，运用流动的画面诠释绘画。它的作画原料不再是彩色的颜料，而是运用专门的沙子进行作画，艺术家在特制灯光的沙画台上掬一把细沙，用一双妙手，绘出美丽动人的画面，使美术这种静态艺术变成动态的表演呈现，使沙画更富生命力。它突破绘画的传统艺术，创意神奇、画面绝美，再配以相适应的音乐和灯光，瞬间变化莫测，惟妙惟肖。这样天衣无缝的结合表演受到了大众的喜欢。沙画可以选择各种题材创作，一般而言我们在电视或者网络上欣赏到的沙画制作都是与商业紧密结合的绘画。例如，奔驰汽车的沙画广告宣传在电视和网络上引起了很大的反响，从汽车风驰电掣的画面不断变换到最后公司logo的演变过程，创意独特、技法熟练、浑然天成，将奔驰车无声的优质性能展现得淋漓尽致。沙画这种独特的表演魅力，能使现场观众产生梦幻般的感觉，达到前所未有的视觉享受。而这种极具视觉冲击效果的绘画制作方式，是依托于新媒体科技的发展而不断发展的，这使传统的沙画制作达到了独特的艺术概念与观赏效果的完美结合。

（2）视像艺术传播渠道的创新——由匮乏到广泛

传统的绘画时代，绘画的观赏为很多条件所限制，比如金钱、距离甚至是天气等原因；可是今天的新媒体却运用新的展览和观看方式改变了这种状况，为绘画艺术的传播打开了新的渠道，扩大了它的影响力。互联网借助于新媒体，提供了更加便利的渠道，同时为绘画的传播开辟了一片新的天地。传统的绘画传播大部分借助于绘画展览或者是专门的书籍，乃至人们之间的交流，这些局限性太多，并不能突破地域、时间、空间的阻碍。绘画展览借助展览馆或者艺术家的绘画室为场地，人们需要在特定的时间才可以进行观赏和学习，而且许多价值连城的名作不能够公之于众，人们只能靠听说或者观看赝品来满足自己。书籍的保存时间有限，而且容易破损，携带并不是很方便，造价不菲，在当时并不是所有人都能够承担的。而流传速度最快的人际传播，很有可能带有主观色彩，从而影响了一幅好的绘画作品的传播和影响力。这就需要更快更准确更廉价的方式能够欣赏绘画作品，改革展览方式和观看方式才能极大地促进绘画艺术的传播。于是越来越便宜的新媒体器材和日益发达的互联网技术为绘画作品的展示提供了另一种可能性，普通民众可以以小型电子设备为媒介来满足自己对于绘画作品的详细了解和认知。

互联网的使用为网络美术馆提供了机会，网络上开始慢慢地出现了很多艺术画廊。“第一个真正的网络美术馆”是一个网络画廊，是莫斯科的网络艺术家奥里亚・利亚利纳制作的一个巨大的网页，一张常绿树木的图片布满了整个网页，作品集中在整个网页右边较低的部分，而11个功能菜单则分布在网页左侧的顶部，当点击左上部的感应区时，画面会由左上角向右下角变化，最终停在相关作品上。这样的参观方式是一种彻底的革新，为绘画这种传统的高雅艺术走向大众化开启了大门。

除了专门的个人网页展示绘画作品，也有很多绘画作品的网络展示，人们只需要在电脑前轻轻地点击就可以看到相关的绘画作品，不用考虑场地和时间的限制，这些作品可以一直挂在这些虚拟的场馆，极大地扩展了绘画作品的影响力。现在很多世界级的艺术殿堂也纷纷在网上有自己的虚拟博物馆，它们尝试运用相关技术实现异地欣赏同步化。比如，人们可以不用去法国的卢浮宫却一样可以在网上欣赏陈列于里面的许多传世之作。这样的传播方式不仅满足了人们对于绘画作品的欣赏欲望，也为这些大师的作品流传于世做出了贡献。

网上信息传播速度快的优势提高了绘画传播的时效性，在一个讲究效率和速度的时代，这样的快速传播无疑也是优势之一。比如2010年兴起的微博，这种以微信息为主要传播内容的传播方式，大大地提高了传播的速度；比如一幅绘画作品可以在很短的时间内被成千上万次地转载、评论，这种高速的传播手段必将为绘画作品的传播提供良好的平台。

复制粘贴功能的海量制作能力也为绘画艺术的扩大传播提供了条件。简单的复制大大地缩短了临摹一幅作品的时间，这样的简单制作提高了许多顶级绘画作品的广泛传播速度，而且相关信息的链接可以马上搜索出来，一幅作品的作者、由来、作画过程、历史背景、对绘画发展的影响等，都可以得到全面的了解。

（二）新媒体催动全新数字图像的产生

1. 绘画素材搜集快捷方便

对于绘画艺术家而言，创作和审美探索的过程比完成一件具体作品要重要得多，不论是画布、木头、石材或者金属材料等都可以成为他们的创作材料，他们想的是更好地表达作品的含义，更加贴切地阐释作品的内容，他们甚至希望创作一个新的、充满各种发展可能性的、未定型的作品来探索艺术创造的边界，将艺术感性和科技理性的相互交融和互动推向一个又一个未知的领域和前沿，而不仅仅是满足于一个审美对象的创造和审美符号的生成。

在新媒体技术的推动下，绘画素材的搜集显然也发生了巨大的改变。便捷快速的搜索方式可以帮助绘画者搜索到各式各样的素材。在我们的印象中，对传统绘画素材的搜集，有很大一部分来自直观的感受、身边发生的事情或者可以触及的真实事物，又或者截取历史当中的陈述。这样的素材搜集在今天看来是烦琐的，视觉的误差或者信息量的不足可能会影响绘画的创作。而且现代人的生活节奏加快，信息的更新速度也很快，如果依靠于传统的素材搜集，可能绘画的发展都要受限制于素材的搜集速度。所以我们必须寻求处理这个问题的更好办法，得益于新媒体技术的发展，我们获取绘画素材的方式在不断增加。

在搜集素材方面，照相机的出现给传统绘画带来了巨大的挑战，在素材搜集上却给予了很大帮助。传统的搜集素材方式是靠视觉功能，有些东西在人眼看过之后，记在大脑中，艺术家依靠记忆，进行绘画艺术的创作，这种方式要求艺术家要有良好精确的记忆，记忆的准确与否在一定程度上会影响创作的发挥。可是照相技术的出现为绘画艺术家对于素材的搜集提供了帮助。艺术家在外出搜集素材的时候不必做草图或者强迫记忆，只需要用相机把看到的感兴趣的美景或者是稍纵即逝的瞬间记录下来即可。突发的事件、重大的新闻场面等都可以通过摄影记录来帮助绘画者将素材全面如实地进行记录，便于后期绘画的完成。这种搜集方式已经突破了传统的素材搜集，无论是在数量上还是质量上都得到了巨大的改变。

传统的素材搜集方式的缺陷是只能着眼于眼前，只能帮助记录眼前的素材，却没办法纵向地进行联系，从而拓宽素材的深度联系。新媒体技术的发展和应用，通过利用互联网技术，绘画素材的收集范围被极大地拓宽了。这时，除了横向的同一时间、同一地点的素材可以被搜索出来，不在同一时间轴上、发生在世界各个地方的素材都可以被搜索出来，这种方式极大地丰富了绘画创作素材。艺术家们根据自己想要创作的主题在互联网上进行搜索，海量的信息会被搜索出来，这些信息都可能成为艺术家进行绘画创作的素材，并且这些毫不相干的素材可以通过计算机软件进行随意的组合，创造出新的不同的含义。新媒体对于绘画素材搜集的影响不仅体现在范围的扩大上，更是在时效上体现出巨大的优势。互联网的运用大大缩短了绘画素材搜集的时间，对于一个主题的创作素材，利用搜索引擎可以在很短的时间内，全面大范围地搜集资料。在传统的绘画素材搜集过程中，翻阅图书、查阅资料、搜集图片等这些烦琐的步骤可能要浪费很多的时间、精力和人力财力，但在新媒体时代，在科技的帮助下，人们只需要在电脑键盘上进行简单的操作，这样大大节省了绘画素材搜集的时间。

2．新媒体技术下的数字图像

（1）CG视像

CG在前期创作阶段是从确立文字脚本到手绘脚本，这一阶段需要把原创故事快速呈现出来，以供进一步推敲。速写可以快速把画者自己的想法呈现出来，这在原创阶段是很需要的；CG中融入了时间性，也就是说画面是活动的，让电脑中虚拟的人物和事物产生合理的运动，赋予其活力，这是CG制作中重要的一环，用速写对CG中的“动”作研究，可以说是一种廉价便捷的手段。在电脑虚拟的三维环境中，“画”物体与我们传统的手绘方式不同，它是通过在电子虚拟的三维环境中建立一个真实的三维模型，通过打灯，再由计算机按照光在物体上反射折射的规律自动计算出光影在物体上的分布。传统的绘画（主要是指西方的绘画艺术）则要求画家对光线在物体之间的反射折射有一个全面的了解，然后在理解的基础上一笔一笔地画出来。显然，CG大大省略了这一步。

（2）精密传感交互视像

交互艺术虽然需要高精度的仪器来完成，但是同样离不开电脑的编程技术和网络的支持。所以从另一方面讲，交互艺术也渗入数字艺术，它们是支持与被支持的关系。在20世纪30年代，很多艺术家发现了用光作为媒介创作的“光艺术”（Light Art）。初期的光艺术是简单地利用灯泡的闪动，直到20世纪60年代，才开始用霓虹灯、荧光灯和集成电路等机械进行控制。在此之前的光艺术科技含量是比较低的，但是到了20世纪80年代以后，在霓虹灯等基础上发展成计算机控制激光、闪光灯光以及液晶、LED等复合系统组成的发光装置。在20世纪80年代后期到90年代初，逐渐发展成为一种交互型光艺术，就是感应装置可以对周围的环境和观众的动作进行反馈。

20世纪通过网络技术、机器人技术和远程通信技术结合出现的“遥在”，成为人类实现其控制距离的最好技术。遥在艺术（Telepresence Arts）是综合了远程通信、机器人技术、新型人机界面以及计算机等多种技术的一种艺术形式，它可以更宽泛地被理解为是一种电子交互艺术，人们可以相隔遥远的距离来欣赏遥在艺术作品并与之互动。

1994年5月，在瑞士召开的万维网会议上，Mark Pesce和Tony Parisi介绍他们开发的有可能在万维网上运行的虚拟现实界面时，提出了虚拟现实（Virtual Reality，VR）的概念。虚拟现实是计算机硬件技术、软件技术、传感技术、人工智能及心理学等技术的综合应用。虚拟现实的最大特点就是沉浸感，就是创造出一个逼真视觉、触觉、听觉及嗅觉的模拟现实环境，如对场景还原、对象还原，然后将观众带入其中，使得观众有身临其境之感，能够领悟、体验虚拟现实所带来的真实性。

虚拟现实的交互式体验目前有两种形式：一种是头盔输入输出设备，另一种是手套输入输出设备。前者主要是依靠佩戴在头部的眼镜和耳机，来实习三维的立体虚拟场景和环绕的立体声，头盔能够对体验者的头部活动进行监控、输入乃至运算，目的就是能够实时更新视觉和听觉的信息。后者主要是根据接收位置及方向的设备，然后由计算机程序进行控制，与虚拟物体发生特定的交互效果。

数字图形界面艺术是人和机器交流的界面，这个交互系统取代了抽象的字符命令，允许人们通过光笔在监视器上或者是屏幕上进行直接操作，直接通过屏幕上的图标来控制计算机的运行。发展到现在，触摸屏的广泛使用更加贴近了人与机器的距离。

（三）新媒体变革了视像类艺术的传统传播路径

传统上视像类艺术产品的欣赏与传播必须处于同一时空，以实物展示的方式完成，而新媒体的出现打破了这一传统方式，使视像艺术作品与受众所处的真实同一时空走向虚拟的数字时空。“艺术世界从外在进入室内，从实在进入虚拟，从公共进入个人，从过去进入现在，从经验进入体验，从鉴赏进入浏览。”此语深刻地道出了视像的传播从实体走向虚拟的过程，扩宽了传播渠道，改变了受众的欣赏方式。受众参与的方式主要通过手机、电脑、电视等来实现对作品信息的获取，主要体现在以下几个方面。

1．视像类艺术作品受众的大众化

传统的视像类艺术作品主要以绘画为主。由于受到媒介、经济条件以及文化素养等因素的制约，普通大众很难真正地享受、欣赏和消费到视像类文化艺术作品，大部分的视像类艺术作品都是为了记录贵族生活、宗教故事以及政治事件，普通受众不能获取充分的艺术信息，更谈不上将自己的信念转换成信息融入作品之中。传统意义上，大众是被排除在视像类文化艺术作品之外的，大部分艺术信息的接受者和消费者都是具有一定的理论素养和较高经济地位的“圈内人士”。

新媒体的出现使得视像类文化艺术作品的受众产生了向大众化转化的趋势。通过网络以及视像处理软件，大众不但能够跨过被所谓的“专业人士”筑起的壁垒进入视像艺术作品欣赏与消费的领域，通过数字传播在家就能获取丰富的艺术信息；同时个人对于“真、善、美”的判断还能通过网络得以交流，网络的争鸣与汇聚会形成大众的审美标准，从而颠覆“精英意见”，进入视像类文化艺术作品审美的大众时代。

2．传播者与接受者身份的模糊化

在传统的传播过程中，传播者对于传播的媒介、时间、空间都有着绝对的控制权，信息传播的方式总是呈现出一种单向的模式，即从发布到传输再到接受。这种模式缺乏有效的互动机制以及对于接受者的考虑。而在新媒体的环境语境下，这种传统的传播模式被打破。通过网络，接受者也能对视像类文化艺术作品重新进行诠释，赋予文化艺术作品丰富的情感和鲜明的时代特征，通过网络将自己增加的意义进行传播，而使得传播者和接受者的位置逐渐模糊化，显示出一种多重性和不稳定性的特征。

从视像类文化艺术作品发布者的角度来说，数字化后的视像类文化艺术作品通过网络等得到快捷、高效的传播，传播者会在第一时间获得大众的反馈和评价，从这个角度来说传播者也就成为参与这一事件的信息接收者。而从接受者的角度来看，新媒体环境赋予了其对视像类文化艺术作品进行再创造和发布的可能，接受者不再是简单被动地接收信息，而是可以自由、随意地进行“抒情的创造和写意的表达”，而这一切的发生正来源于新媒体所提供的博客、微博以及视像编辑工具。

3．传播空间的无限化

新媒体语境下的视像类文化艺术作品最大的不同在于其采用数字化的存储与传播方式，数字化的传播方式具有开放性、及时性以及参与的广泛性等特点，从而使得视像类文化艺术作品的传播空间得到了无限化的扩展。传统的传播空间仅仅局限于特定的时间和地点进入展览馆或博物馆等艺术场所欣赏和消费视像类文化艺术作品，局限了大众获得信息的渠道，因而大大限定了传播空间。

传统绘画艺术新媒体传播与实物传播最大的不同，在于其数字化的储存和传输形式。数字化传输特有的开放性和广泛性，使得绘画艺术传播具备了无限延展的传播空间。在传统的实物传播模式下，受众需要在适当的时间，到展览馆或博物馆等艺术场所观赏绘画作品。由于时空和自身能力的局限，受众不可能参观所有的绘画艺术展馆，这在无形之中缩小了大众获取信息的渠道。

麦克卢汉认为：新媒体的出现以及其网状的终端分布缩短了大众之间的距离，与传统的报纸、电视以及广播等媒体不同，新媒体通过电子技术以及互联网技术使得地球成为地球村。在这个地球村中只要你拥有一台接入互联网络的电子终端，就能够通过鼠标点击链接，访问任何一个博物馆，欣赏艺术作品，发表自己的评论，实现视像类文化艺术品的全球化传播。正是因为新媒体采用网络化的传播才使得视像类文化艺术品的传播跨越了时空隔阂，实现了传播空间的无限化延伸。

三、新媒体与视像类文化艺术产业互动的基本规律

随着社会进步和科学技术的发展，媒介在不断地进化。进入20世纪以来，媒介的快速发展使得人们的生活发生着重大改变，同时也使得整个人类的传统文明在诸多层面上都面临着新的挑战。对于人类传统门类的艺术来说，媒介的不断变化促进了各门类艺术与科学技术的相互融合与相互渗透，新媒体与视像类文化艺术产业也呈现出如下一些互动规律。

（一）技术的发展是纽带

在人类社会发展史上，先后经历了几次信息技术革命，每一次革命都同时伴随着传播媒体形式的变化，这种信息技术的发展和阶段性的突破可以看成是媒体发展的纪念碑。

第一次飞跃得益于语言传播系统的建立，时间大约为距今十万年前。当时的原始人类已经开始逐渐将对世界万物的感知、群体生活的交流以及对于自身能力的思考通过口、耳两大器官传播出去，建立了最初的口传文化体系。这种传播媒体的建立使得人类的逻辑思维能力得到突飞猛进的发展，从而具备了原始质朴单纯的图像传达能力，“视像”以及读图能力也由此开启，如远古时期人类对于各种图腾符号的描述和崇拜传达了人类对自然界的认知和理解，又如各种原始壁画、岩画以及动物骨、甲上的镌刻都是当时人类媒体传播活动的证明，这些现象在人类的视觉传达史上具有非常生动形象的意义。

第二次飞跃得益于书面文字传播系统的建立。大约在公元前七八千年以前，农业经济已经开始在两河流域、今天的泰国北部地区、埃及的尼罗河三角洲以及中国的黄河与长江流域的下游发展起来。农业发展促使人类的生活方式从流动的徙居转变为定居，从而加强了人们之间的交流。此时，语言以及简单的“结绳记事”已经不能满足人类保存信息的需求，于是书面文字出现了。两河流域的苏美尔人创造了利用木片在湿泥板上刻画的楔形文字，这种文字出现在大约公元前3000年，并在约公元前2000年的时候发展成熟，著名的汉穆拉比法典就是鲜明的例证。同时，古埃及也是文字的重要发源地之一。埃及人以本身发展起来的“以图形为中心”的象形文字为核心从事记录书写，对后世视觉设计等活动产生

了巨大影响。楔形文字和象形文字的先后诞生，使得文化信息成为可控的要素，不再随时间和空间而流逝，信息传播也由此变得稳定起来。

第三次飞跃出现在公元前105年，东汉的蔡伦改良了造纸术之后，书面文字传播得到了重大发展。人们开始在纸上描绘色彩，形容眼中之所看，记载心中之所思，这种通过纸张来实现的传播方式迅速从河南向中原以及巴蜀地区传播，并通过丝绸之路传播到了西域民族地区，因此信息的传达也提升到了一个新的领域。但这种传播方式也存在一定的弊端，文献书籍不能大量复制就是首当其冲的一点，为了更好地解决这一问题，媒体发展迎来了第四阶段的飞跃。

第四次飞跃开始于公元11世纪，毕昇发明活字印刷术之后，至此，人类开始拥有快速而大量复制典籍的能力。四百多年后，活字印刷术在德国得到改良并更为发扬光大，古登堡发明了铅活字印刷术，使得印刷传播系统完全建立起来。印刷媒体是我们今天“视像”传播媒体中非常重要的组成部分，因为它标志着人类的视觉传播体系开始从个体传播转化为大众传播，是“视像”走向产业化的开端。而今天，关于印刷传播媒体的发展、规律、机制等问题的研究仍在不断深化中。

第五次飞跃起源于19世纪中期开始的工业革命浪潮，随着电报、电话等传播工具的发明而产生和发展。20世纪中期以前，无线电广播、模拟信号电视、录音录像设备等电子技术更是将人类的信息传播推向高潮。一方面，传播者和受众的关系在很大程度上打破了时空限制，变得空前紧密；另一方面，信息被大众传播的广度和深度也有了空前的提高。这些变革对传播领域有着翻天覆地的影响，它使得电子媒介超过了印刷媒介而一跃成为传播的主力。

第六次飞跃开始于20世纪晚期，是至今我们正在经历和深化的一次媒体改革，也即我们称之为“新媒体技术改革”的一次巨变。它得益于数字技术、网络技术、移动技术等在传播途径方面的应用。“新媒体”的概念是由美国哥伦比亚广播电视网（CBS）技术研究所所长戈尔德马克（P.Goldmark）于1967年率先提出来的。所谓新媒体，是相对于传统媒体而言的，指在报刊、广播、电视等传统媒体形式之后出现并发展起来的全新媒体形式。它主要是利用互联网、无线通信网络、卫星等发射渠道传输，通过电脑、手机、数字电视机等终端设备进行接收，向受众提供信息和服务。新媒体技术实现了信息“一对一”和“一对多”的传播模式，能同时为广大受众提供个性化内容的服务，使传播者和接受者实现对等的交流，而无数的受众之间也可以实现“一对一”的个性交流。

如前所述，传播技术的发展带来新旧媒体的更替，催生出更多的传播形式。我们通常意义上所说的媒体形式实际上只是对人本身信息传播能力的增益，每一次技术的革新都推动了视像类文化艺术产业与媒体互动关系的改变，在其演变过程中起到了重要的纽带作用。

（二）大众参与是基础

文化艺术产业是典型的“眼球”经济模式，没有公众关注、没有消费者积极参与的兴趣，就没有预期的效果。然而要大众参与其中，进行相关互动就必须要有合适的渠道，新媒体技术正好能够为文化艺术产业搭建起这种平台，同时在大众参与的基础上推动新媒体与视像类文化艺术产业的双向发展。具体表现在三个方面。

第一，互动性。新媒体一改传统视像类文化艺术作品形式中作者与观众之间的不平等关系，使两者的角色可以互换并进行互动，在不同的时空与语境中达成共识和理解，从而能够获得大众的理解和参与。新媒体艺术家们用新手段和艺术语言进行自我表达，而这些表达又是基于大众的想象和数字图像的应用为基础。这些信息蕴含着艺术性、时代性以及大众审美的信息，因而转变为视像类文化艺术产业的主力军。如苹果iPod一套成功的平面广告在德国一家专卖店应用新媒体技术产生了特殊的效果：一旦有路人经过，静止的图像就会自动地随着音乐的节奏起舞；而路人也会在视像的刺激之下，情不自禁地舞动自己的身姿。这达到一种情景的融入，在共同的语境之中解读图像的内涵，从而促成一种互动的理解。

第二，即时性。马克思在论及资本发展时曾经这样说：“把商品从一个地方转移到另一个地方所花费的时间缩减到最低限度，力求用时间去更多地消灭空间。”这一描述虽然主要针对商品物质运输速度变快的现象，然而这也正好说明了新媒体对于视像类文化艺术作品的作用。新媒体的发展以及传播速度的不断加快，使我们渐渐遗忘了对真实空间的重视和体验。地球也逐渐变为“地球村”，在其中我们每个人都能即时地分享着视像，整个世界正在逐步同质化，共同的画面使我们生活在同一个场景之中。在这种情况下，异域的生活方式、图景以及事件等都会第一时间呈现在我们面前。我们对于视像类文化艺术作品的消费已经没有空间上的隔阂，只有新媒体手段的差别，新媒体给我们呈现的世界甚至比我们周围的生活更为真实，同时我们也可以通过新媒体把我们自己的视像分享给世界上的每一个人。

第三，大众性。在新媒体的传播环境下，视像成为媒介之间“穿越”的公共大众语言。以视像为基础的生产和传播在现代信息平台上交流和共享，再加上大众个人利用 PS、Flash、数码相机等手段对视像进行的无限繁殖，丰富和繁荣了视像类文化艺术作品。在以新媒体为平台的大众参与下，视觉图像的大量繁殖不仅带来了文化产业的眼球经济效益，同时相对传统文字媒介而言也更加“审美化”。无论是“看”与“被看”，新媒体时代的这种共享精神，都推动着文化产业的繁荣。

（三）文化发展是前提

人类的生存、发展主要包括物质层面的吃、穿、住、行等，也离不开精神层面的政治、科学、艺术、文化等。随着经济、社会的发展，人们的生活质量不断提高，经济学家发现当人均收入超过3000美元以后，大众的消费就会有“脱物化”的趋势，进入精神和文化的追求阶段，而大众对于文化的消费必定要以文化商品为基础。因此在文化发展的前提下，视像类文化艺术作品在新媒体的推动下取得了空前的发展，而视像类文化艺术作品又为新媒体的发展提供了生动的内容。

第一，文化资本化。法国社会学家皮埃尔·布尔迪厄（P.Bourdieu）提出文化资本的概念，他认为文化并不是一种看不见摸不着的精神内涵，而是一种重要的生产要素。作为一种重要的生产要素就必然要参与经济利益的分配，而文化以演出的出场费、出书的版税、讲座的报酬、中介的收费等获得相应的报酬。特别是在新媒体时代，随着传播的不断扩展，加速了这种经济的分配，从而促进了文化艺术产业的发展，同时由于参与主体的增加也拓宽了新媒体的内容产业，所以以文化资本化为契机促进了新媒体与文化艺术产业的双向互动增长。

第二，文化商品化。文化资本要获得利润就需要文化的商品化，在市场经济条件下，文化的商品化表现为文化艺术的生产。这些文化艺术作品包括动漫秀、广告、创意产品等视像类商品，而这些商品又通过新媒体进行进一步的包装和传播，使之能够为更多的大众所知晓和消费，从而推动其更好地发展。

第三，文化市场化。文化是资本又成为商品，就必然需要进入市场进行交换，从而满足大众的文化消费。按照马斯洛的观点，人类解决了自身温饱后，才有了安全、社交、自我尊重和自我实现等方面的需求，文化消费也属于这些方面。新媒体通过声光电等现代技术助推文化的市场化，同时也使更多的大众了解不同的文化。

第三节　新媒体背景下心象类文化艺术产业的创新与发展

一、新媒体与心象类文化艺术传播方式的变革

（一）心象与心象类文化艺术界说

“心象”一词在当下的文学，绘画、音乐甚至戏剧批评中，被广泛提到。“心象”与“意象”有着密切的关系。“意象”是中国古典美学中的重要命题，“意象”的提出发轫于先秦，《易传·系辞》载：“子曰：‘书不尽言，言不尽意。’然则圣人之意，其不可见乎？子曰：‘圣人立象以尽意，设卦以尽情伪，系辞焉以尽其言，变而通之以尽利，鼓而舞之以尽神。’”其“立象以尽意”充分肯定了“象”在表情达意中的桥梁作用。正是基于此，魏晋以降，刘勰的《文心雕龙》将意象理论引入文艺学领域，从而引发了中国古典美学对于意象、意境的理论探讨与建构。《文心雕龙·神思》篇中说：“使玄解之宰，寻声律而定墨；独照之匠，窥意象而运斤；此盖驭文之首术，谋篇之大端。”刘勰在此将“意象”与“声律”并提，认为“意象”与“声律”一样，是艺术创作中不可或缺的关键因素。他明确地在“象”之前加上“意”，强调“意象”的形成是“神与物游”“神用象通”的过程，这个过程是创作主体由客观之“物象”而感兴，进而进行艺术加工和构思的过程，带有强烈的主体情况，已非客观之“物象”。到了唐代，“意象”已为诗论家所普遍使用，从殷璠的“兴象”到王昌龄的“久用精思，未契意象”（《诗格》），再到司空图的“意象欲出，造化已奇”等，都是沿着刘勰的“意象说”而发展，并通过唐人的创造，进而形成了“象外之象”“境外之境”“韵外之致”“味外之旨”的意境理论。总体而言，从“意象”的发展历程来看，“意象”是与艺术构思紧密相关的，是艺术创作中的重要基础。

“意象”离不开物象，是由物而感发，由物而起兴。“物象”“心象”与“意象”之间相辅相成，“意象的基本要素是‘象’与‘意’。‘象’包括物象和心象，二者相互联系。心象是物象的反映，物象是心象的基础。‘意’包括

‘理’与‘心’。‘理’指物理，客观事物的规律，‘心’指心理，包括思想和情感。‘意’与‘象’的关系，既体现出事物现象与本质的关系，又体现出主体与客体的关系”。可见，与“物象”相比，“心象”是内在的；与“意象”相比，“心象”又是基础的。但在中国古典美学中，无论是“物象”“心象”还是“意象”，都是从艺术创造的角度立论，属于创作论的范畴。而此所言“心象”，则主要是从审美和接受的角度而言的。

如前所言，文学艺术由于是“立象以尽意”，艺术构思是将隐晦的“意”通过明确的“象”显现出来；与之相对应的是，艺术审美则是通过字里行间所呈现出来的“象”去领悟深层次的“意”。但文字本身并不能以“象”而呈现，需要由外而内地感知与建构。阅读的过程，就是心灵之“象”也即“心象”逐步完形的过程，而这源自文字的“心象”，是与绘画、影视等艺术的直观性迥然相异的。正是从这个角度，笔者将文学艺术纳入“心象类”艺术进行探讨。

（二）心象类文学艺术的传统特征

1．作家的精英化

传统的文学艺术属于高雅艺术，虽然曾经也出现过“写诗的人比读诗的人还多”的盛况，真正能得以广为传播的作品却是吉光片羽，是历经淘洗后的精华。所以，一部文学史就是一部精英作家的历史。无论古今中外，能够以“立言”而名垂青史的作者毕竟凤毛麟角，他们是当之无愧的精英。一般而言，成为传统意义上的作家须有以下三个方面的基本条件：一是博闻强记，饱读诗书；二是阅历丰富，历行万里；三是感悟独到，睿智深邃。在传统社会中，精英教育模式将社会中的大多数人排斥在外，而同时具备以上条件的读书人更是社会中的极少数，这就从根本上决定了作家群体的精英化。同时，就传播方式而言，印刷术的诞生在一定程度上促进了传统文学的发展，文学的辐射范围进一步扩大，精英知识得到了相应的普及，参与文学创作的作者也明显增加。然而，变化是相对的，在古代社会，掌握印刷术的人毕竟是少数。即便是到了明清家刻、私刻兴盛的时期，私刻文籍对于家庭而言也是一项重大工程，其复杂的工艺以及不菲的资费使得印刷出版还是摆脱不了少数人自娱自乐的局面。换言之，印刷工艺体现了话语权力。家刻如此，以营利为目的的坊刻自不待言。明清时期出现了一批出版商和书商，出版商为了最大限度地谋取利润，在名人效应上做足了工作。要么出版名人书稿，要么邀请名人评点（如晚明兴起的小说戏曲评点本，伪托之本举不胜举）。到了近现代，印刷出版的规范和期刊的出现，更是彰显出话语权的重要。一首诗歌、一部小说要出版发行，需经出版社、杂志社的编辑层层把关，层层筛选，方能见诸世人。这个筛选作品的过程其实也是塑造精英的过程，它通过扼杀一大批文学爱好者的创作热情，从而成就了作家队伍的精英化。

2．作品的经典化

“文学经典是经过社会接受认同的文学作品，是公认的具有巨大的社会价值或审美价值的优秀文学作品，它体现着一个时代的文学标准和超越时代的文学传统。”经典的锻造必然经历艰辛的历程，所谓惨淡经营，才能破茧成蝶。一般而言，文学创作过程分为文学创造的发生阶段、文学创造的构思阶段和文学创造的物化阶段。

在文学创造的发生阶段，首先需要作家对社会生活进行储备，形成文学创作材料，“文学生产材料是指作家有生以来从社会生活中有意接受或无意获得的一切生动、丰富却相对粗糙的刺激和信息”。文学创作材料源于生活，是作家对生活万象的原始积累。它可以是曹雪芹遭遇的家族衰亡，是沈从文曾经的湘西记忆，是莫言早年的红高粱，是海明威身上237处伤痕所反映的恶魔般的战争经历。从某种程度上说，文学创作材料的储备主要体现为作家对生活的感知，这是文学创造的基础，需要作家对社会生活持续地观照与思考，才能保持文学创作的“源头活水”。

在文学创作的构思阶段，作家需展开丰富的联想，心绪逍遥于方外，浮游于天宇，将日常所感知的生活体验融入故事的建构中，将碎片化的原材料经过拼装、剪辑，形成文学意象和艺术形象，这类似于电影的蒙太奇手法。只是这个拼装的过程主要通过想象在大脑中形成，无须借助于现代的传媒手段。

在文学创作的物化阶段，也即日常所说的形于言的“爬格子”阶段，这是将胸中万物诉之于笔端的过程。经典作品或以宏大叙事，或以隽永抒怀，追求所谓永恒的价值，作品所呈现的主题通常带有普世情怀和人性的光辉。这就需要作家从纷繁芜杂的社会具象中提炼与净化，去粗取精，去伪存真，完成典型化的过程。典型化虽然肇始于构思之中，却成形于运笔之间。典型是社会生活的抽象，也是具有普遍性的社会生活。所以，传统意义上的“爬格子”无异于灵与肉的折磨，故事情节的反复推敲、人物形象的精雕细琢、遣词造句的字斟句酌，是每一部成熟作品的必然历程。

3. 阅读的审美化

一般而言，文学阅读是一种传统的文学接受方式。尤其是在印刷术诞生之后，文学文本是读者接受文学对象、感知文学形象、欣赏文学作品的主要载体。传统的文学阅读不仅是现实体验，更是审美体验。

文学阅读与文学欣赏和审美紧密相连。“作为文学欣赏或文学鉴赏的文学阅读活动，明显地具有一种仪式的、膜拜的、静观的或审美的性质，它所描述的其实是文学阅读活动的理想状态。”其实，与新媒体语境下的阅读方式相比，传统的文学阅读是相对接近于这种仪式性、膜拜性、静观性和审美性的活动。首先，阅读群体是一个特殊的社会群体，具有特殊的身份和地位，在士、农、工、商的等级社会中，具有阅读能力的人是传统社会中受人尊崇的士人。其次，士人的读书行为在传统社会中是一般大众所遥不可及的，因而也为人所钦羡，所谓“万般皆下品，唯有读书高”，此之谓也。这一根深蒂固的观念无形中确立了阅读活动的仪式性和膜拜性。最后，阅读活动是一种私人化行为。阅读的地方大多在书斋，书斋化的阅读必然是静观性的阅读，神情专注，心无旁骛。读者可以感受语言的节奏美与韵律美，可以感受作品的意象美和意境美；可以在文学作品所描绘的世界中实现自我的审美期待，可以“使文学描写的对象变成自我的化身”，从而达到巨大的精神享受和审美愉悦。

（三）新媒体与心象类文学艺术的新变

麦克卢汉的“媒介决定论”尽管遭到很多人的质疑，但随着传媒技术的深入发展，以及受传媒技术的革新而带来的经济社会的持续变化，“媒介决定论”已逐渐得到了大多数人的认可。“媒介就是信息”，传媒技术的任何进展将影响人类文明的进程，无论是人们的日常生活，还是国家的宏观战略；无论是经济社会的持续变革，还是文化领域的创意发展。媒介以及媒介所产生的深远影响业已渗透到世界的每一个角落。新媒体之“新”，是相对于报刊、广播、电视等传统意义上的媒体而言的，包括数字杂志、数字报纸、数字广播、手机短信、移动电视、网络、桌面视窗、数字电视、数字电影、触摸媒体等。新媒体具有形式丰富、互动性强、渠道广泛、覆盖率高、方便快捷等特点。新媒体的诞生和普及，对文学艺术领域影响深远。新的媒介已远远超出了工具和技术的范围，在文学领域，它“必然形塑与规范着文学活动、文学机制、文学形态、文学文本、文学话语以及相关的文学观念，文学的社会意识、经济意识、文化意识、受众意识、品牌意识、经营意识、策划意识等也会发生深刻的嬗变”。

1. 创作主体草根化

传统意义上的创作主体——作家，属于社会的精英。他们也许没有显赫的地位，却拥有无可比拟的话语权；他们也许不会抛头露面，但却闻名遐迩。在印刷品占主导地位的时代，作家始终处于文学的中心，拥有绝对的话语权，作家是受读者和社会尊重的宠儿，往往扮演着启蒙家和思想引路人的角色。根据马克思的《剩余价值论》，创作主体也可称为“生产的人”。然而，文学生产活动不是物质性的生产活动，而是精神性的生产活动。在生产过程中，生产者不是被动地从事机械化操作，而是进行主体性创造，“只有处于文学生产活动中并具有主体性即自由自觉的创造者，才是真正的文学创造的主体”。传统意义上的作家不仅需要有较高的文学天赋，还必须具有丰富的生活阅历、良好的作家修养以及独特的创作个性。更为重要的是，他们往往具有悲天悯人的情怀，以独特的视角关注社会。因此，每一部经典作品，都是社会历史的典型概括和反映，从埃斯库罗斯到莎士比亚，从荷马到T.S.艾略特，从竹林七贤到左翼联盟，从曹雪芹到莫言，古今中外，无不如此。

然而，新媒体时代的到来，对精英化的作家群体进行了彻底的解构。作家的构成开始发生变化，一些非文学的因素日益显现出来。比如早前的“美女作家”概念，虽然这与新媒体文学的本质还相去甚远，也不免有“大众娱乐”倾向的影响，但“美女作家”概念的诞生，新媒体是当仁不让的幕后推手。正是有了新媒体，才使得作家的容貌受到读者和大众的关注。不仅如此，随着新媒体的发展，以书写方式、出生年代等非文学因素划分的作家群体逐渐形成：网络作家群、80后90后作家群开始显示出影响力。当然，这种划分也不是绝对的，比如传统型的作家也逐渐使用新媒体写作。然而，这些新生代的作家群体却与传统作家有一道无法逾越的鸿沟，比如余华、池莉等作家虽然也曾尝试用网络博客写作，却并未成为真正意义上的网络作家。新媒体时代的文学宠儿，必然是与网络共同成长起来的80后、90后作家，80后文学与基于网络平台的新媒体有着血肉一体的关系。换言之，新媒体是80后文学生存的前提。他们没有传统观念的束缚，更惯于运用网络化的表达，习惯于新媒体的交互性、社区化和即时化。新媒体不需要太多的门槛，新媒体蔑视权威，新媒体具有大众文化下的平民化特征：开放与互动，草根与亲和。当然，新媒体也具有大众娱乐下的狂欢化特征：形式大于内涵，包装重于本质。前者让新媒体的作家群体如雨后春笋不断涌现，而后者则让这一作家群体为大众所认可成为可能。文学创作不再是常人所无法企及的活动，从神圣的殿堂跌入凡间，变成了与穿衣吃饭一样司空见惯的日常行为。活跃博客的规模进一步扩大，博客用户规模持续攀高，活跃博客数量呈现爆发式增长。博客是网络文学的重要平台，博客写作是新媒体文学的一种重要的写作方式。就广义的网络作家而言，利用博客等新媒体写作的用户就是网络作家。因此，新媒体视野下的"作家"概念已然泛化，也不需要经过专业的文学创作训练，只要懂得如何使用新媒体，只要曾经使用新媒体进行偶然的心情涂鸦，也即是一般意义上的"新媒体作家"。以网络为主的新媒体"破除权威话语，剥开了经典、高贵、宏伟、神圣等弥漫于人们精神世界的神秘面纱"，走向了自由、平等、共享的"在线民主"，草根阶层通过网络逐渐拥有了属于自我的一个空间。

2. 创作方式之新变

传统的文学创作，其文学素材主要来源于两个方面：从创作主体的角度来说，一是作家提升自身文学修养的阅读与学习过程，一是作家投身于社会生活中的经历和经验。首先，"作家的修养有三种途径：一是学习的途径，二是内省的途径，三是文学实践的途径。主要是大量读书，包括对文学作品的阅读以及对广博社会知识的学习；也包括拜师学艺，向有成就的作家学习创作经验"。读书是作家获得知识和信息的唯一来源。作家只有博闻强记、广览群书，进行创作的"原始积累"，才能为今后的创作积累最原始的素材，正如杜甫所言："读书破万卷，下笔如有神。"其次，生活经验是作家最直接的体验和感受，对作家的生活、思想、个性、情感产生潜在而巨大的影响。一个没有丰富人生阅历的人，不可能写出有深度、有广度的文学作品。在中国古代文学批评理论中，"知人论世""以意逆志"批评方法的提出，以及"国家不幸诗家幸”“诗穷而工”诗学批评观点的诞生，其本质体现了对作家生活经验的高度重视。与传统的文学素材来源主要依赖于作家长期的“原始积累”不同，新媒体所提供的海量信息，是以往任何一部百科全书所无法比拟的，也是任何一位国学大师的知识储备所无法超越的。创作主体无须博闻强记，只要轻点鼠标，就能在网上查找到所需要的各类信息；无须远游，即能从视频、图片、文字的多元描述中感受异域风情；无须闭关式地“体验生活”，只需在网上遨游半晌，就会完成传统作家需要一年半载才能获取的“逼真”生活体验。所以，新媒体成为新媒体语境下创作主体获取创作素材的主要渠道。虚拟的网络世界构筑了创作主体虚拟的现实。然而，由于这些体验都是间接的体验，而不是鲜活的生活，有论者认为创作者这些间接的体验“无法化为笔下的切肤之痛，很容易使得作品流于肤浅，流于符号”。

在传统的文学创作中，构思是其中一个重要的环节。艺术构思是“作家在材料积累和艺术发现的基础上，在某种创作动机的指导下，以心理活动和艺术概括方式，创造出完整的呼之欲出的意象序列和思维过程”。苏东坡特别重视艺术构思：“故画竹必先得成竹于胸中，执笔熟视，乃见其所欲画者，急起从之，振笔直遂，以追其所见。如兔起鹘落，稍纵则逝矣。”“成竹在胸”强调的是胸中之竹的个人化塑造，其实传统的文学构思亦然。作家有了创作动机，往往依托个人的文学素养和天赋，对积累的碎片化的文学素材进行整合重组，在心中构筑文学形象的基本轮廓。文学构思既离不开艺术想象，又需要理性思考。作家在构思过程中，“寂然凝虑，思接千载”“精骛八极，心游万仞”“悄焉动容，视通万里”，以逍遥无待的想象驰骋于天地万物和历史风云之中。这一过程包括对艺术想象进行理性重构的选择、整理，改造、重组，是作者个体的自我放逐，是创作个性的具体体现，是个人化、私密化的心理活动。然而，新媒体文学创作则不然，它完全打破了个人化的艺术构思方式，代之以群体性的艺术想象。创作者可以像进行调查问卷一样，预设某个文学主题，再通过互联网面向社会广征意见，集思广益，然后充分整合网民的意见，形成完整的艺术构思。可见，艺术构思由纯粹个人化的行为变成了网民集体参与的狂欢式娱乐，由内在的艺术思维演变成众目睽睽之下的网络行为。

在文学表达上，新媒体文学掀起了一场文学运动，有论者将其与“五四新文学运动”相并提，称网络文学为主的新媒体文学是“新新文学运动”。在创作方式上，他们首先认为这是一场语体革命，新媒体文学使用了更加开放而混杂的语体，打破了传统的语言模式，突破了规范的标点符号，创作了由汉语、数字、外语、符号、声音、颜色、图像等多元素混搭而成的新语体，比如火星文等。他们认为这是一场文体革命，网络文学打破了小说、戏剧、散文、诗歌传统四大文体的壁垒，进行“跨文体写作”。网络文学往往融合了图像、声音、色彩、文字，组成超文本，多主题、多媒体的艺术作品。它突破了传统文学文本仅以文字或少量图片参与的表述方式，自由而无所顾忌地将语言文字、图片、语音等融合在一起，实现了多媒体、多介质的集成与融汇。在这一综合性、集成性的信息平台中，文学实现了前所未有的自由叙述与逍遥自得，它是文学，又超越了文学。它将文学带入新的、更为广阔的空间。“文学类型的分化与文学边界的模糊，纪实与虚构、文学创作与生活实录、文学与非文学的界限被逐步抹平，传统的文学分类方式变得模糊或淡化，一些新的文体如‘聊天体’‘接龙体’‘短信体’‘对贴体’‘链接体’‘拼贴体’‘分延体’‘扮演体’以及‘废话体’等不断涌现”。更为重要的是，新媒体写作过程中不再是作家个人的事，作家创作不是单向的过程，而是有读者的广泛参与。

文学创作与文学接受之间消弭了时空的间隔。读者可以从章节式的阅读中感受作者的创作过程，作者也能根据读者的网络跟帖和即时评论及时调整下一章节的具体内容。交互式的叙述方式边缘化了作者的中心地位，在问答式网络跟帖的持续更新中，讲述着传播者与接受者共同建构的虚拟世界。

3．传播方式之新变

麦克卢汉根据传播方式的不同，将人类文明划分为四个阶段：口语传播时代、文字传播时代、印刷传播时代和电子传播时代。随着电子媒介和电子技术的持续发展，传统的印刷传播受到了巨大的挑战，文学开始全面进入电子媒介化时代。尤其是世纪之交互联网的普及，使得网络文学应运而生。

网络是新媒体文学传播的主要媒介，“即时互联网时代，网络文学、网络动漫、手机游戏、数字媒体、复合出版、移动阅读等新业态迅猛发展。网络文化商业模式创新充满活力，这些日新月异的传播方式，充分拓展了文学的表现空间，快速塑造出各种新的文学形态”，比如博客写作、手机文学、短信小说等依托互联网及与网络相关的新媒体如智能手机、平板电脑、Twitter、电子书等载体，让读者可以随时随地阅读和欣赏网络文学。新媒体突破了传统媒介的时空限制，为文学传播提供了更加便捷的方式。于是，在地铁、公交、火车甚至飞机上，人们不再热衷于左顾右盼、高谈阔论，而是专注于自己的手机屏幕，看新闻、读小说或玩游戏。新媒体让阅读行为走出了过去狭小的空间，伴随着人们的日常生活无处不在。由“推”（pushing）传播向“拉”（pulling）传播的转换，由单向传播向多向交互式传播转换，由迟延性传播向迅捷性传播转换等。总体而言，新媒体文学传播具有三个特点：

兼容性。阅读时空的转换，带来了文学传播方式的变革。在传统文学传播过程中，“文学”的概念比较明确，“文学”的目的也比较明晰，具有不容置疑的排他性。然而，在新媒体语境中，文学的排他性正逐渐消解，新媒体海量的信息储备以及多元化的形态使文学传播演变成一种娱乐消费的方式，文学传播在新媒体时代被动地由排他转变成兼容。在文学作品中，文字可以与图画、声音等不同类别的艺术组合成超文本；在文学作品外，新媒体的便捷性使我们可以同时感受和体验多样化的娱乐方式。

开放性。开放性是新媒体的一个固有属性。互联网就是由一些使用公用语言互相通信的计算机连接而成的全球网络，即广域网、局域网及单机按照一定的通信协议组成的国际计算机网络。互联网是使用公用语言的全球网络，是世界各地的信息储备和展放的开放性平台，每一个普通人只要拥有上网账号，就可以尽情地享用。网络的开放性为文学的广泛传播提供了可能，网络文学作品在同一时间受到的关注度是传统作家永远无法奢望的。

平等性。新媒体文学是平民文学、共享文学和互动性文学。话语权在网上得以消解，每个网民都可以随意涂鸦，不需要经过编辑审核，每一篇文章都能公之于众，“平民话语终于有机会同高贵、陈腐、故作姿态、臃肿、媚雅、世袭、小圈子等等话语并行，在网络媒体上至少有希望打个平手，并且感受到：网络就是群众路线，网络文学至少在机会均等上创造了文学面前人人平等的局面”。通过网络，读者与作者之间建立了一种既亲密又疏离的联系，作者不再是高高在上的仰慕对象，而是与读者身份对等的网民，甚至读者也是作者，作者也是读者。除了少数知名网络作家在幕后推手的帮助下转变成娱乐偶像之外，对一般的网络作家而言，他就是网络背后的一个普通人，他通过网络消解了权威，通过网络也边缘了自我。

4. 接受方式之新变（审美、消费、心理）

传统文学的阅读是静观。读者通过作品中建构的形象反观自我，在“作品—欣赏—反观”的过程中，追求喧嚣之外的安宁，达到灵魂的升华。传统文学的阅读是审美的过程，是从字里行间中透逸出来的形象之美和意境之美在读者心中完型建构的过程。数字传媒时代，尤其是互联网的普及使得娱乐文化和消费文化渐而影响到文学领域。阅读由审美检验演化为文化消费，由静观转化为走马观花、浅尝辄止式的浏览，由单向而被动地接受转变成为双向的互动交流。总体而言，新媒体下的文学接受主要有以下特点：

娱乐化的文化消费。所谓文化消费，是指“用文化产品或服务来满足人们精神需求的一种消费，主要包括教育、文化娱乐、体育健身、旅游观光等方面。在新媒体传播技术条件下，文化消费被赋予了新的内涵，文化消费呈现出主流化、高科技化、大众化、全球化的特征”。其实无论是在数字媒体时代，还是纸质媒介时代，阅读本质上是一种文化消费。然而，传统意义上的阅读习惯上被视为高雅的娱乐方式，与当下世俗化的消费文化不相关涉。在文化产品泛滥的当前，阅读已然成为与电视、电影、网络游戏、网络视频、灌水聊天等娱乐方式无本质区别的消费行为。阅读的意义逐渐消解，非阅读的阅读开始膨胀。传统阅读内在的审美期待被外化的欲念取代。新媒体时代的阅读主要为了寻找感官的愉悦、刺激和快感，当下对“眼球经济”“点击率”的重视从一个角度诠释了这种阅读心理。

浮泛化的刷屏浏览。与娱乐化的文化消费相对应，浮泛化的刷屏浏览也是新媒体文学接受的主要特点。在欲望的驱使下，阅读变成了扫描式的浏览，而网络文学、电子书刊、智能手机为我们的阅读提供了便捷的方式。无论身在何处，只要有互联网，读者都可以随意浏览而不受任何约束。为了找寻刺激感官的情节描述，部分读者已不再关注文字呈现出来的韵律美和意境美，不再考究“能指”与“所指”的本质区别，不再审视作品隐含的内在主题。同时，当浮躁与焦虑成为新媒体时代的显性病症时，人们面对互联网海量的信息往往出现选择性焦虑。为了销蚀焦虑，他们疯狂刷屏；为了销蚀焦虑，他们囫囵吞枣。作品的形象开始变得模糊，片段性、零散性记忆却越来越清晰。读者游历于概念化的信息接收，而忽略了内心深处的审美期待，于是信息越积越多，灵魂却越来越空虚。正如欧阳友权所言：“网民漫游网络完全是跟着感觉寻找快乐，很少有意义的探究和隐喻的延宕，不像书面阅读那样亦步亦趋依据语言符号的间接转换去达成再造性想象的彼岸性。敞开抚慰性幻想和快感消费的满足，才是新媒介活动所要摁住的‘文化快捷键’，于是文学功能在其中自然就发生了巨变，也比原来更为丰富多彩了。”

互动式的跟帖交流。互动与参与是新媒体文学接受的主要特点之一，“网络真正的力量在于互动性——互动性让人们对作品、主题、趋势和其中的想法产生兴趣，同时让作品有生命，不断进化，维持使用者的参与程度”。与传统的被动接受不同，新媒体让读者能及时对作品发表自己的看法，甚至与作者和其他读者交流阅读经验，分享阅读感受。由于网络作品是章节式发布，读者对每一章节的跟帖式评论，往往会影响到作者下一步的创作思路和情节发展。因此，新媒体视野下的文学接受是参与性接受，读者的思维通过不断更新的跟帖，嵌入作品的字里行间。新媒体文学文本与接受者的跟帖式批评在网络屏幕中交替更迭，作者与读者在瞬间实现了无缝衔接与无间断的沟通，作者亦读者、读者亦作者，原本荒诞的画面在这一刻转化为富有意蕴的现实场景。

二、新媒体与心象类文化艺术产业创新的关系

新媒体与以心象为主的文化艺术的碰撞与融合，产生了时代的新宠——新媒体文学与新媒体文化。随着电子时代的到来，以互联网、手机为代表的新媒体发展迅猛，心象类文化艺术与新媒体的结合不仅突破了传统载体的界限和局限，还产生了令人叹为观止的新媒体文学和新媒体文化产业。新媒体文学如一股不可逆转的潮流，对传统的文学创作产生了巨大的冲击，全方位颠覆了作家固有的、传统的文学思维，在大众文化、大众娱乐的牵引下，赢得了广大读者和受众的青睐与钟爱。而且，新媒体文学远远超越了文学本身的相域，与经济社会的变革息息相关，成为社会进程中不容忽视的文化现象。为此，我们不仅要重视对新媒体文学的研究，寻绎经济与文化的潜在联系，还应审视新媒体与心象类文化艺术产业

创新的内在关系，把握以影视、网络、手机等为媒介的新媒体文学以及新媒体文化产业发展的历史进程。

（一）新媒体文学

新媒体是以数字信息技术为基础，以互动传播为特点的具有创新形态的媒体，包括网络、手机、数字电影、数字电视、移动电视、数字广播、数字杂志，数字报纸、桌面视窗、触摸媒体等。在“比特”（bit）叙事与虚拟的“赛博空间”（cyberspace）的技术支持下，影像，声音的多样化，媒体的娱乐化、商业性功能显现，呈现出一种不同于图书、文字所能营造的世界奇观。新媒体传递速度快，无论身在何方，海量信息瞬间到达；新媒体趋向便捷而人性化，机随人走，携带方便；新媒体遵循用户至上的原则，互动性强；新媒体倡导典型的平民文化，鼓励大众参与。媒介改变着当下的生活，博客、微博、E-Mail及在线聊天、在线看书、在线看电影、在线看新闻等，无一不借助于新媒体，数字化网络生活成为一种不可或缺的生活方式。

新媒体文学是以新媒体技术为依托，主要依靠互联网以及日常生活所需的电脑、手机等介质建构创作、传播与接受的平台，其文本呈现出多媒体交融、数字化存在、瞬时传播与便捷性交互等特征。很显然，这是迥异于传统文学的新文学形式。新媒体文学是移动互联网快速发展时期的迫切需要。新媒体以机代笔，在键盘的敲打与屏幕的触摸中完成策划、创作、发送与传播，尽可能使用不断更新的新媒体技术，它肆无忌惮地占领电子、网络技术的最新领域，充分享受新技术带来的便捷与个性化需求。技术的革命引来了头脑风暴：传统的文学构思是个人生命参差多态的艺术进行的独特化表达，新媒体文学更是增加了接龙小说、交互小说、合作小说、联手写作等的随机性。游戏性的写作，而游戏更接近文学的本真。在叙事上，书不尽言、言不尽意的遗憾得到音乐、图像的弥补。“它可以把语言叙述与声音表达、图片展示、音像画面融为一体，在传统的线性叙述中搭设一个多媒体并置的信息平台，在平面陈列的基础上开凿一个立体展示的窗口，甚至让文学作品的叙述方式成为一个差不多可以用无限多的方式组合、排列和显现信息的超媒体链接系统，让文学欣赏者根据自己的喜好对欣赏路径加以选择。”新媒体文学是数字化、网络化的在线创作、阅读与传播，传统的传播方式主要表现为“一对一”的单向传播，而通过新媒体技术搭建的平台，传播方式实现了双向甚至多向的多维度、立体网状交互性传播。网络聊天室、博客、灌水专区、虚拟社区、BBS、网友留言……都是生动活泼的交互方式。在复制过程中，也可以保留即时、即地、独一性的文化原创品质。在虚幻而颇具诱惑的网络世界里，新媒体文学不仅进一步扩大了读者群体，同时也提供了更加自由的个性化书写和涂鸦。

新媒体技术发展为文学活动提供着各种可能和新鲜的实验方式，使尝试性地凭借新媒体工具或方式进入社区、空间、博客、QQ等类似文学活动的活动蜂拥而至。例如蔡志忠认为手机和iPad这样的移动终端适合看漫画，因为漫画书文字少，有的少到零；漫画书故事进展要快，一页一个故事。漫画家生产内容，新技术的艺术数字化给漫画创作带来改变，有音乐、动画、色彩。很多人在等车、等朋友、开会的间隙都在看漫画，但要更好地实现移动终端的四格漫画需要拥有雄厚实力的平台和技术去完善用户体验，更方便地检索，更方便地阅读。

囿于资本、权力等因素的制约，新媒体文学往往一方面采用半自主生产方式进行运作；但同时，又不可避免地与文学艺术等各类文化艺术形成交叉、叠加甚至融合的文化生产场。这为当下传统的，通行于世的制度与观念带来了根本的改变，为文化市场注入了新鲜的血液，为广大读者带来了丰富而多元的阅读体验。新媒体文学产品在策划、创作、传播和接受等各个阶段具有不同的形态，从消费者接受的角度而言，既有传统的文学读本，也有依托电子化、网络化的文学文本：一是由印刷载体、语言符号、意象（意境）、意蕴等层次结构而成的纸媒文学文本；二是由影视载体、影音、语言多媒体符号、意象（意境）、意蕴等层次结构而成的电子文学文本；三是以“比特”为载体媒介承托的多个言（符号媒介）、象、意结构不断纵向延展的立体化网络超文本。20世纪90年代以来，受网络文学等新媒体文学形式的影响，文学逐渐开始扭转一度被边缘化的颓势：一些原创网站取得了不俗的成绩——这是文学边缘化时代所无法企及的。纵览幻剑书盟网、起点中文网等文学网站的小说阅读排行榜，小说点击数往往轻松突破3000万大关，这些文学网站每天至少有1000万的访问量。手机、MP3、MP4等媒体成为阅读文学的新宠，这类小说下载数少则十万，多的甚至达到百万……新媒体和新技术的崛起，直接促成了电视、网络、手机、iPad等新媒体的更新换代，并逐步辐射到社会的各个角落和诸多领域。新媒体日益在文化产业中扮演了不可或缺的角色和地位，借助大众日常生活密不可分的互联网、手机等媒介，新媒体文学往往以原创文学网站、网络书库、电子杂志、游戏、影视、手机书架等为基本形式形成产业结构链，对传统产业链形成强大的挑战。

面对新媒体和新技术对文学带来的强烈冲击，一些传统作家对此难免感到些许忧虑与迷茫。比如中国台湾作家林俊颖就认为创作属于个人的行为，其本质是孤独的，而新技术与新媒体带来的文学却背离了传统的创作原则，背离了文学的本质属性，势必会导致以反映生活、净化心灵为目的的文学走向可怕的对立面。他说："文学不等于公共议题、公民论坛，文学其实是一门相当古老而素朴的手艺，它可以回到更古老的时代，一张纸和一支笔就可以了。"确实，新媒体技术的介入彻底颠覆了传统的文学生产环节与过程，新媒体文学的生产一般包括文本的创意与构思、文本的写作、运营商的介入与包装、文学的传播与消费、受众的评点式批评与反馈、修订与改编等环节。传播平台变化了，评判的界限也就改变了。文字文本与广播电视传媒的结合，进而与网络、手机等新媒体的结合，使新媒体文学文本进入虚拟空间与虚拟经济的生产规模，在多种制作技术的支持下，形成文化产业的泛媒介新媒体革命。

（二）新媒体与心象类文化艺术产业创新的关系

数字化新媒体裹挟着新的艺术形态席卷而来，网络文学、数字影视、手机文学、E媒广告，还有博客和网络聊天工具微博、微信等不一而足，琳琅满目。其来势汹涌而强劲，其影响广泛而深远。它们改变了当代文艺生产与发展的格局，创生出诸多新的艺术存在方式和功能范式，从而带领着新媒体文学冲破了传统文学接受与阅读的藩篱，迈入大众消费层级。新媒体文学由典雅与高贵摇身一变，成为大众文化的新宠。"大众文化"是指"在现代工业社会中产生的，与市场经济发展相适应的一种市民文化，具有消费化和商业化的性质，其功能是娱乐的，它不仅作为一种文化现象，而且是一种经济现象、政治现象、科学技术现象、都市世俗化现象、人们的日常生活现象、消费现象等，商品性、产业性、娱乐性、技术性，流行性是其主要特征。总之，它交融了现代社会中许多重要的因素，因而也成为各种现代性特征的集中体现。可见，文学的大众化是现代社会商品经济发展的必然产物”。

1．新媒体文学产业化创新的外在环境

一是经济因素。经济是文化发展的基础，现代市场经济的发展推动了文化的商品化和产业化。消费者购买力不足会造成接受者接受新媒体文学文化创意传播的困难，或是购买不起硬件设备，或是消费不起网络服务。对于新媒体文学的创意主体而言，如果辛苦劳动得不到相应的经济回报，基础设施投入不足，交流与创作经费不足等，则会影响他们的文化创意活动。

二是政治因素。政治是影响一个国家或地区新媒体文学文化艺术产业发展的重要因素，其数量、质量在一定程度上都取决于国家、地区的政治环境。从宏观来看，只有政治稳定，居民才能安居乐业，作家尤其是当下的新媒体作家才能安心创作；从微观来看，政治因素对新媒体文学创作的方式、创作的技术、作品的内容、作品的传播与接受都有着最直接的影响。

三是科技因素。新媒体依托一定的技术和媒介平台得以实现其传播效果。新媒体由网络技术、卫星技术和通信技术产生的信息化融合，深刻影响着文学文化生产、传播的泛版权经济文化创新，而且也扩展了新媒体文化资源动员的文化产业发展空间与内容再生产的文化创新创造空间。新媒体技术的运用和普及受到生产力、科技发展、人员科学素养多方面的制约。新媒体发展的前提条件就是要有足够好、足够便宜、足够方便的用户使用终端系列上市。在新媒体终端里，个人电脑始终是主力终端和进化的原始驱动力，其根本原因在于它的软件化和网络化走在了其他类型终端的前面。手机电脑化、多媒体化和网络化，成为又一新媒体终端。但科技因素也表现为区域间的不平衡，如我国西部边远山区，受物质技术条件的制约，传播者对于新媒体的运用还不够普遍，接受者则仍然通过电视以及传统的文学艺术传播媒体和媒介学获得信息。

四是文化因素。传统文化、民族文化如何协调保守与开放两个维度。保护本民族的文化可防止破坏性的文化入侵，但有时会限制文化的交流，产生信息的闭塞。伴随着新媒体文学文化艺术产业的发展，一定的文化冲击不可避免，怎么将负面影响减少到最小限度，实现效益最大化，这是新媒体时代亟待解决的重大课题。

2．新媒体与心象类文学产业化创新的内趋力

（1）新媒体文学传播主体特点与产业化创新

与传统文学传播主体相比，新媒体文学传播主体的构成有所变化。一是主体趋于年轻化。要熟练运用新媒体开展文学创作，必须懂得层出不穷的电子产品的基本操作技术和方法，因此，年轻人理所当然地占有了这一片天地。他们与绝大多数的受众群体年龄相仿，他们精力充沛、思想前卫；他们不拘泥于传统的条条框框，以新奇的想象、大胆的构思营造天马行空的意境。由于传统文学出版体制的限制，他们自然而然地选择了在网络这样的新媒介进行文学的创作，从而在自由而开放的网络空间里获得自己的话语权。二是主体趋于草根化。网络社会没有中心，也没有权威，是一个名副其实的平民化社会空间，它彻底解构了传统文学的等级制度，激发了大众自由表述与诉说的欲望。每一个人，只要懂得使用互联网，无论何时何地都可以在网络上随意涂鸦并发表作品，网络文学大军促成了网络文学的大繁荣。白居易主张的“文章合为时而著，歌诗合为事而作”，在新媒体时代同样有效，各类网络新词充斥网络。三是主体趋于大众化。大众化与草根化颇为相类。但前者主要是从覆盖面的广狭而言，后者主要是就作者的社会阶层而言。

相应地，新媒体文学传播主体的文化心理也发生了变化。新媒体文学艺术的自由表达“一是社会面具焦虑的消除，二是审美承担焦虑的消除。前者使网络写手抛开身份角色定位，化身为匿名的网虫在赛博空间‘玩的就是心跳’，获得一种现实中无法实现的选择身份的自主权和变换角色的自由；后者则使作者从传统的艺术重负中解脱出来，满足在纸介质印刷媒体中无法轻易兑现的发表欲和自我表现欲，自由地舒展内心深处的艺术热望——面对历史时，他们无须仰视前辈大师巍峨的艺术神殿，没有践履规范的沉重包袱；面对现实时，他们没有兼济天下的责任和稿酬版税的焦虑，无须将艺术当功名去成就，而使自己处于超脱功利的审美状态，真正做到率情率性、以手写心，让艺术回到舒张人性的本真状态”。创新是新媒体文学文化产业化成功的关键，自由、非功利性为新媒体文学文化传播者主体创新提供了必要的条件。新媒体文学传播主体与心象类文学文化艺术产业从业者主体交叉重叠，其产业化实践能在某种程度上调整创意的传播内容，以延伸产业的价值链。目前的新媒体文学传播主要依托网络平台，依靠各环

节的有机配合与联动，逐渐形成一个创作于网络、传播于网络、接受于网络的生产消费链条。

（2）新媒体文学接受主体的特点与产业化创新

新媒体文学接受主体具有以下特点：一是新媒体文学接受主体年龄构成呈年轻化。新媒体是时代的宠儿，更是年轻人的宠儿。新媒体文学接受主体自然是新媒体，与传播主体具有一致性，因为新技术的使用与年龄相关。二是新媒体文学接受主体文化程度相对较高。网络用户、智能手机用户尤其是微信用户、微博用户、博客用户主要是大学生、上班族等文化程度较高的群体。三是地域分布城镇化。边远地区因为网络设施等相对落后或不够完善，因此，接受主体主要集中在城镇。

在新媒体时代，作为文化产业发展中的二元主体，传播者与接受者在传播活动中构成了互动的两极。新媒体可以说是自由共享的集合体，是去中心化的媒体。开放的双向流通方，传播者与受众之间可以直接交流信息，这体现了传播主体和客体的互动，反映了人与人之间的平等性。新媒体为受众提供了一个展现自主性和独立性的舞台，受众可以自主、独立地选择自己感兴趣的作品。新媒体文学接受者是心象类文学文化艺术、文化产品和服务的直接受益者和消费者。从文化观念上来讲，当人们接受或反映一种文化现象的时候，是根据自己的期待视野、经验世界来理解。鲁迅说过，同一部《红楼梦》，经学家看见《易》，道学家看见淫，才子看见缠绵，革命家看见排满，流言家看见宫闱秘事……所谓一千个读者心中有一千个哈姆雷特。接受者可以如阅读传统文学，边阅读，边与作者进行心灵沟通；还可以对作品评价，甚至对作品情节、主人公的一些不同于作者的想法都可以通过网络发布在各个网站设置的BBS评论栏里，与网友，甚至与作者共同探讨。新媒体文学的“跟帖式”文本，在“网上贴文，真是有很多乐趣的言说，有时笔者觉得，它其实很像网络游戏，既可创作，又可娱乐。看着自己的点击数不断增加，想象着有许多人为自己的作品欢喜或流泪，那是何等美妙的感觉”。接受主体文化心理的自主与独立是新媒体文学平民化的直接体现，这为其产业化创新提供了参考。在新媒体文学产业化发展中，必须高度重视接受主体的自主性与独立性，必须充分发挥接受主体的积极性和主动性，尽可能促进交互无极限，才能吸引更多的新媒体用户。

（3）新媒体文学发展的内在诉求与产业化创新

媒介是文学的载体。从人类有文字以来，媒介随着科技的进步不断革新。从早期的甲骨到竹帛，从绸缎上的书写到造纸技术的成熟，媒介的革新带来了文学的变革。同时，文学的发展还有其自身的规律。比如，回溯中国古典文学史就会发现，每一个朝代都有相对典型的文学体裁：汉赋、六朝骈文、唐诗、宋词、元曲、明清小说，所谓“一代有一代之文学”，每一种体裁都经历了初兴、发展、成熟、衰微的过程。在现代社会，尤其是20世纪80年代以来，小说与诗歌一度引发了一股阅读狂潮，但复制时代的到来使得经典的意义随之逐渐消解。很多时候，人们也不再以阅读经典相标榜，而更多的是追求一种瞬时的娱乐和直观的感受。个人的、宁静的“品读”似乎已成为遥远的过去，文学呈现被边缘化的趋势。文学如何在影像制品风行的时代重新获得人们的关注，这是文学发展面临的难题。新媒体文学是文学借助新媒体在电子时代的一种表现形式，它的出现是与当下社会的精神欲求相一致的。或者说，新媒体在传播大众娱乐、摒弃传统的过程中起到了推波助澜的作用，它是服务于大众娱乐的现代产品。毋庸置疑，新媒体文学要适应新的时代需求，成为大众娱乐中的一分子或弄潮儿，就文学自身的角度而言，需要从内容到形式进行彻头彻尾的变革。内容上要刻意避免深刻，走平民化、大众化路线；形式上要尽量灵活多样，勇于突破传统，敢于创新，标新立异，才能成为广大受众所喜闻乐见的一种娱乐选择。新媒体文学改变了文学的传播媒介，更改变了文学的使命与责任，其目标变得更加单纯和简单——满足大众消费的娱乐方式，这是文学在新时代发展的内在诉求。

产业化发展是大众文化发展到一定阶段的产物。新媒体文学的内在诉求是与产业化发展对文学的要求相一致的。在产业化发展中，文学已然变成了文化背景中的原材料，通过不同的方式打造出批量的文化娱乐产品。经过打磨后的产品，也许还保留着文学的基本形式，如起点中文网、红袖添香、纵横中文网、蔷薇书院、幻剑书盟、创世中文网等网络小说网站；也许只是成为其中的一个元素，比如与动漫、游戏、影视相结合，成为一种全新的、给予人们感官刺激和瞬时娱乐的文化娱乐形式。因此，可以说，新媒体文学的发展既是文学自身发展的内在诉求，又是产业化创新对新媒体文学的基本要求。新媒体文学的繁荣为文化产业化创新提供了源源不断的素材。

3．新媒体文学文化产业化创新的基本要求

一是凸显差异性，实现与传统文学的异质化。网络文学、手机文学在结构、文字表达和媒介等方面迥异于传统文学，绝不是纸质媒体简单的电子化或者互联网文学在手机平台上的简易移植。新媒体文学的发展，首先是与传统纸质媒介文学构成差异性和异质化，形成自身的语言特点和风格。若只是炒作概念，而不从内容上去完善和成熟，新媒体文学的文化产业化也无法实现。

二是新媒体文化本质是一种“泛娱乐主义”。所谓泛娱乐，是以IP授权（Intellectual Property，知识产权）为轴心，以网络游戏运营为基础的跨领域、多元化商业开发模式。新媒体文学产业化为读者提供了多元化的选择，有效地增强了大众的阅读兴趣。迥异于传统媒介的新媒体文学，在无形中改变了文学的评判标准，文学产业化的进程也是文学为大众提供更加便捷的服务和个性化需求的过程，受大众娱乐的影响，新媒体文学产品必然具有娱乐狂欢的性质。从素材的原始积累到写作思路与基本架构，从读者的逐章反馈到最终的文本定稿，新媒体技术搭建的平台全程参与和见证了新媒体文学文本的诞生。显然，创作过程不仅是复制与粘贴的熟练运用，更需要通过一些软件对数字化的素材进行二次加工，为我所用。新媒体催生的“复制品”时代的到来，是对传统文学、经典文学的解构，也是在大众消费社会中为满足大众的精神消费、娱乐消遣而产生的一种娱乐产品。

三是新媒体文学产业化创新的底线与标准。文学与科技的融合不仅意味着文学传播理念的更新，也蕴藏着推陈出新的契机。“新媒体文学包含了文字与图像，交错穿插了文学文本、影视艺术、音乐舞蹈艺术、新闻通讯、经济广告、娱乐游戏等多种元素，各元素之间发生联系和间距，从而产生文本间性。而读者的参与性，又为新媒体文学营造了一种多元、宽容、自由的空间和氛围，从而生发了新媒体文学的民主性。”新媒体的出现激发了草根的写作热情，但相对于传统文学文本，新媒体文学也有不足之处：一是一些新媒体文学充满叛逆和另类，他们在瞬间由草根幻化为网络的“幸运儿”，成为网民关注的焦点，这是依靠单纯的文学手段所无法企及的；二是新媒体文学主体多属于非专业玩票，过把文学瘾就死，率性而为，过分地依赖技术手段，从单一的文字表达向光色声像的多媒体综合表达转型。过度地追求华丽的表象，过度地追求无所拘束的自由，过度地标新立异，传统文学固有的“光晕”与典雅、宏大与深邃在这一过程中不可避免地丧失了，内容在荧屏中肤浅化，结构在复制中固化，审美在欲望中庸俗化。文学产业化必然会以追求更大的经济效益为目的，在这一目的的驱使下，迎合公众、扩大消费群体成为最直接的手段。迎合必然脱离文学的本位，迎合势必会尽可能满足公众的低级趣味。因此，新媒体文学的健康发展，需要法律法规、写手的责任担当和读者阅读品位的提升，规范和完善新媒体文学的各项标准，杜绝低俗的文学作品，维护新媒体文学成长的环境，由此确保新媒体文学走向时代的康庄大道。

4．新媒体文学文化产业化的创新发展路径

（1）新媒体文学文化产业化的发展模式

利益的最大化是新媒体文学文化产业化发展中亘古不变的目的，这要遵循市场经济的发展规律，充分了解消费者的需求；同时，要充分利用日新月异的互联网、电子技术，保证产业链的稳步发展，甚至领先发展。新媒体文学产业化模式目前采取的主要方式包括有偿付费阅读、投放广告、出版畅销作品等，逐步形成涵盖所有新媒体、新技术的产业链。毋庸置疑，在这个产业链中，新媒体文学文本是产业化的基础，居于产业链的中心。新媒体文学繁荣的盛况带动了出版业畅销书的出版热潮，更促进了影视、动漫产业的迅猛发展；更为可喜的是，产业化的发展已在文学之外形成了系列的衍生产品——价值链被进一步延长。

（2）新媒体文学文化产业化创新发展的瓶颈

一是版权保护。新媒体文学文化产业化的发展离不开时下的互联网、电子和智能化技术。在新媒体文学产业化进程中，文学产品原创成本与传统文学产品一致，但是随着科技进步硬件成本越来越低，文学商品的大众化消费模式越来越普及。因此，版权保护就是新媒体文学产业化发展一个不可忽略的症候。“新媒体产业版权运营的核心就在于把握生产和分销这两个端点，才能居高临下，把握全局。在新媒体产业的生产端，开发者要牢牢把握住开发优质的版权内容和开展版权服务及保护这个关键。”只有对版权进行保护，才能保护创作动力，保证资金源源不断地投入，从而确保新媒体文学产业健康而有序地发展。与传统出版行业一样，盗版依然是新媒体文学产业中重要的症结，盗版文学网站依靠提供免费阅读来吸引点击率，并从广告商那里牟取利润。

二是盈利模式与利益分配。毋庸置疑，要推动新媒体文学的产业化步伐，必须形成一套行之有效的运作模式。当前，这种运作模式仍处于探索阶段，平台的运营商大多还是摸着石头过河。而写作者所得不如看上去那样完美，传统作家获得收入的渠道只有一个：稿酬或版税。新媒体文学时代，写作者的收入来源被大大扩展，包括基本稿酬、点击付费、读者“打赏”、影视网游改编、无线版权转让等。盛大文学旗下的起点中文网展示其平台的分配模式之一：1元人民币=100起点币，与作者的千字分成额是“每千字1起点币/每订阅次”。作品包含免费部分与收费部分，假设某作品收费部分共5000字，用户订阅1000次，实际收入为1000×5×0.01=50元。月收入几百元是网络小说作家的常态，收入过万元甚至超过10万元的是凤毛麟角。

三是新媒体文学批评不成气候。新媒体文学的健康发展离不开文学批评的参与和引导。与新媒体文学创作风起云涌的局面相比，新媒体文学批评的发展还远未尽如人意。新媒体文学尚未建立一套行之有效的、立足于新媒体文学创作本身的文学批评话语体系和理论体系。除了理论资源的匮乏，新媒体文学独特的呈现方式和存在方式对于写作者没有门槛限制，造成精品散落如恒河一粒沙。因此，确立富有意义的批评对象，耙梳各种创作症候，有效地总结正反两方面的创作经验等等，都将成为一种高难度的工作。另外，新媒体文学有时易形成骂架，理性对话的气氛不够。

（3）新媒体文学产业的发展策略

一是版权保护。要进一步健全版权法律体系和版权保护制度，加强版权保护。从国家层面来看，主要是政府依法对版权实行行政和司法诉讼的版权保护。版权保护另一个方面就是版权的自我防护，主要是权利人防止以营利性为目标的恶意复制，包括权利人从技术方面防止恶意的破解程序等技术措施。

二是盈利模式与利益协调。新媒体文学产业化促成了文学效益的最大化，新媒体文学产业的完整产业链各环节包括：文本创作、文本发布、读者消费与阅读、数字出版、书刊发行、影视制作、音乐渗透、广告投放、相关衍生品生产……每一个环节都有专人负责、专人完成。在这个有机联运的产业链中，每个人通过不同的方式，在不同的时空里共享着新媒体文学文本这一相同的资源，共享着这一资源带来的收益。作家、运营商、影视制作人、出版商、评论家、广告商等获得了巨大的经济效益，而受众和读者则在繁荣的新媒体文学市场中获取了更加多元的精神享受。

三是文学文本与文学批评。新媒体文学的文学批评仍然以文本为基础。跟帖与灌水是常见的文学批评方式（当然仍有一批专业的评论家以撰写传统论文甚至论著的方式积极参与），而文学网站、手机运营商等则是文学生产与批评的中介。一个文本如果能够在网络展示中被大众广泛地接受，被不断地传播，并创造点击纪录，那么投资商的风险就会大大减少。如果一本小说的网民反响强烈，那么出版就有了非常好的市场基础，改编为影视剧等的投资风险可以降到很低。成熟的新媒体文学批评对新媒体的文学运作方式过分讲究市场法则，其作品题材单一，格调不高，过分依赖天马行空的情节和迎合人心的桥段等问题可以纠偏，新媒体文学产业的发展需要注重文学艺术性与思想性的统一、人文精神与历史理性的统一，这样能激励文学的生产与扩大再生产，把新媒体文学产业做大做强。

三、新媒体与心象类文化艺术产业互动的基本规律

新媒体时代，心象类文学搭载新的媒介进行传播，形成媒介化、市场化、商品化和产业化发展态势。文学早已不再是传统意义上的个体精神创造，文化作为产品被批量生产出来。“今天网络媒介中的各种文学活动已经凝固，越来越成为整个社会商业生产中的一个有机环节；网络媒介本身虽然是中性的，但它作为一个传播平台特别有利于商业力量由内及外地控制文学的整体活动。”各种商业因素联手推动文学生产与消费的转型，心象类文化艺术在新媒体的粘连下，拓展到出版、音像、网游、影视等方面，打造文学的产业化链条，彻底挖掘文学作品的商业价值。

（一）新媒体为心象类文化艺术产业提供了全方位发展平台

“没有媒介就不存在文学。”从网络文学、电视文学到手机文学，不断更新的新媒体改变着文学的存在形态，催生出各种新的介质文学。新媒体与心象类

文化艺术有效地进行整合，组建面向市场、面向社会、发散性的产业，新媒体会改变写作和“文化生产”的模式。

1．以互联网为载体的超级长篇作品成为文学网站的盈利之本

心象类文学在触网后，以长短论英雄。网络文学产业化的发展使得超级长篇网络小说成为主流。在部分网络文学网站现行的收费阅读模式下，作品达到20万字才能上架销售，写手们只有拉长篇幅才能盈利。

网络文学通常为了迎合受众趣味，增加粘连度吸金。传统媒体是“你写我读”的精英化书写方式，但技术与文学的合谋使读者便捷地参与到“对话”中来，形成了“众声喧哗”的局面。读者跟帖评论，言说作品得失，催促写手“更新”，预设作品结局……读者的实时反馈直接影响写手构思、左右作品的情节发展方向。文学网站以此维系稳定的读者群，吸引以点击率作为重要参考的广告商跟进，从而收取巨额广告费。同时，还可判断是否实体出版和数字化出版、游戏改编和影视改编等，避免对市场预估不足造成的损失，拉长产业链，实现利益最大化。

2．碎片化时代应声而来，片面追求“瞬间”眼球效应

每个人的生活中都有一些零散的时间，如在银行排队时、在餐厅等餐时、堵车时、在公交车或地铁上、课间等，这些即称为碎片时间。“人人一台电脑、人手一部iPhone”渐成现实，这给人们的阅读方式乃至生活方式、思维方式带来巨大变化，“人们可以在任何时间、任何地点获取资源，利用碎片化时间进行碎片化阅读。”《纽约时报》上说，我们被一种“瞬时文化”（Instantaneous Culture）包围，你在Google上查一个东西，不到一秒就找到了答案。各种媒体都琢磨怎么“互动”，文化的创造者希望及时得到反馈，看到自己的想法是否招人喜欢；报刊，杂志的网站有“被发送次数最多的文章排名”，图书网站有各种各样的销售排行，微博上有评论最多或转发最多的微博，网络上还有Google的PageRank，链接最多、传播最广就有更大的权力。在这种瞬时文化的浪潮中，孤独地写作、长久地专注阅读难能可贵，人们想得到短小、快速的娱乐。有着短平快、时效性，虚拟性、娱乐性、同感性、交互性，段子式、大众化的手机文学就是抓住用户眼球的文学、文化载体。用有吸引力的文学、文化创意内容吸引手机用户，是手机媒体得以成功的前提。消费者可以定制各种服务，例如可以点播各种视频，可通过发短信和登录相关网站的方式订阅手机报纸、获取各种新闻资

讯。手机小说若能热卖，可拉动运营商、网站、出版社、作者、读者这整条产业链及音像制品、电影等联动产业。

（二）心象类文学、文化艺术产业对新媒体的促进

1．心象类文学为新媒体提供内容，创新服务方式

消费者最关注的是媒体提供的内容，而不是内容所依附的介质。新媒体文化产业的生存取决于“内容”的创造和服务方式的创新，取决于与广大消费者的日常生活、工作与娱乐、休息的联系。心象类文学文本已成为产业的“基础的基础”。运营运作依附于传统纸媒，把传统媒体的内容直接“搬到”新媒体，如目前运作的手机报，都是时政新闻、娱乐、体育资讯、科技等信息，只是把报纸内容经过选择、压缩再翻版到手机上。内容形式，长度、语言习惯若不以适应新的载体为前提，不能提供具有文化创意的内容，势必会在一定程度上对智能化手机发展产生影响。

此外，在服务方式上，心象类文学以新媒体为载体，打造体验经济。体验经济作为一种新的经济形态，就是运营商以服务为平台，以文学、文化为道具，以消费者为中心，从而创造出值得消费者回忆的行为。超人气的网络小说形成了市场效应，被改编成影视、游戏便成了潮流。新媒体变革了文学写作与文学改编的先后顺序，传统的改编模式，总是以文学作品为蓝本改编为影视或游戏；但是，新媒体颠覆了这一模式，先有影视与游戏，再根据其受欢迎程度决定是否二度创作为文学作品，如《我叫刘跃进》《我的兄弟叫顺溜》。无论哪种文学、文化形态，都是基于受众的感受。服务对消费者来说是外在的，但体验是主观存在，即内在的，存在于个人心中，是个人在身体、感情、意识上与获得的文学、文化服务之间的互动所得的情感，是一种艺术的生活化。因此，将美附着在能够更多接触到人们生活中的新媒体服务中，来推广美的体验，能够实现独特性、即时性、唯一性的文化价值感受。

2．心象类文学的产业化客观上促使新媒体硬件升级

一是科技与文化产业相互促进。文化产品从原始的手工操作、口头上的讲述与流传，演变到今天的影视、动画、数字音乐等采用先进技术的文化产品，科技进步使人们从忙于生存到享受生活，文化产品方面的消费相对增加；而文化消

费又助推文学、文化艺术产业的发展。新媒体是当下文学艺术产业载体技术集大成者，是实现心象类文化艺术产业格局中各要素联结的关联点，成为信息交流互动、文本展示、产品推介的载体，构架了社会，经济、政治、生态系统相关要素的互通网络。技术的进步使得新媒体硬件速度更快，价格更低，便于受众以更低成本、更便捷的方式消费文化艺术。

二是艺术数字化的用户体验要求更好的技术平台。蔡志忠用动画片的方法画漫画，画“诸子百家”的时候用细签字笔。现在则可尝试不同的技术手段——“艺术数字化”，把传统书变成了数字产品。“移动终端如手机和iPad非常适合看漫画……用iPad看漫画，每页漫画可以放大或缩小，但是点到下一页的时候反应时间大概在1.5秒，速度慢的约2～2.5秒，这个速度对于大家的阅读习惯来讲还是不够快。这就需要技术团队去优化，让读者的阅读体验能够像快速翻书的感觉一样。漫画家生产内容，但我们需要腾讯这样的平台和技术去完善用户体验，更方便地检索，更方便地阅读。”

参考文献

[1]范玉洁，陈艳梅.新媒体时代设计艺术与文化研究[M].西安：西北工业大学出版社，2019.05.

[2]黄瑞芬.数字媒体环境与视觉艺术创新[M].长春：吉林美术出版社，2019.01.

[3]宋眉.传统文化艺术资源的当代转化[M].杭州：浙江大学出版社，2019.09.

[4]佘琴.文化产业背景下视觉传达设计研究[M].长春：吉林美术出版社，2019.01.

[5]范周.中国文化产业研究丛书.文化发展研究札记[M].北京：商务印书馆，2019.08.

[6]唐芸，王兵.新媒体与文化艺术产业发展——以影视艺术为例[M].长春：吉林大学出版社，2018.05.

[7]刘慧.历史文化名城与数字媒体广告创意研究[M].长春：东北师范大学出版社，2018.01.

[8]赵迪，刘睿.新业态新消费新增长[M].上海：上海大学出版社，2018.09.

[9]杜晓红.艺术语言研究[M].北京：中国广播影视出版社，2018.10.

[10]范锋，茅静华，高洁.守正传承　以文化人[M].北京：光明日报出版社，2018.05.

[11]李英梅.数字化时代下的新媒体艺术教育[M].上海：上海教育出版社，2017.12.

[12]黄昌勇，李万，王学勇.文化科技导论[M].上海：上海人民出版社，2017.05.

[13]狄丞.中国交互媒体时代动画与数字影像的多元透视[M].长春：东北师范大学出版社，2017.07.

[14]孙惠敏，漆小平.当代环境文化与新闻传播研究[M].杭州：浙江大学出版社，2017.12.

[15]王志文，牛继舜.中华文化传承与传播策略研究[M].北京：经济日报出版社，2017.05.

[16]胡思颖，巨传友.新媒体时代背景下艺术传播方式的创新表达研究[J].艺术大观，2022，（第6期）：124-126.

[17]李哲，秦翠萍，隋金池.数字媒体艺术语境下视觉传达设计的创新分析[J].新美域，2022，（第6期）：128-130.

[18]吴娅鹏.浅谈多媒体时代下舞蹈艺术的创新和发展[J].中国民族博览，2022，（第6期）：156-158.

[19]毛婉平，李正.新媒体时代艺术设计的审美价值[J].信息技术时代，2022，（第1期）：94-96.

[20]王玉秋.浅谈新媒体艺术背景下动漫设计与制作的发展[J].艺术与设计（理论），2021，（第12期）：57-59.

[21]刘媛媛.新媒体背景下舞蹈艺术的特点与创作策略[J].艺术大观，2021，（第36期）：100-102.

[22]陈佳佳.媒体融合背景下传媒艺术教育的实践与创新[J].文化产业，2021，（第30期）：89-91.

[23]郑乐乡.融媒体背景下新形式科普读物策划创新[J].新闻文化建设，2021，（第7期）：53-55.

[24]张勤利.基于新媒体艺术冲击下的视觉传达设计及创新研究[J].美与时代（上），2021，（第4期）：12-13.

[25]邱尚周.浅谈新媒体背景下传统艺术创新[J].中国报业，2020，（第6期）：106-107.

[26]姬洪强.新媒体背景下文化产业创新发展研究[J].新闻研究导刊，2020，（第20期）：16-17.

[27]金雅庆，王鹤.新媒体时代视觉传达艺术设计与传统文化融合研究[J].吉林广播电视大学学报，2020，（第11期）：144-146.

[28]李玉贤.浅谈微时代背景下数字媒体艺术教育的发展[J].计算机产品与流通，2020，（第1期）：245.

[29]戴媛媛.浅谈新媒体背景下视听艺术文化的创新[J].信息周刊，2019，（第45期）：245.

[30]阳密.新媒体技术背景下艺术教育的创新与发展[J].戏剧之家，2019，（第19期）：178.